JN096894

2024年版

重★要★論★点★攻★略

中小企業診断士試験

ニュー・クイックマスター

中小企業経営・政策

中小企業診断士試験クイック合格研究チーム
大久保裕之

7

同友館

はじめに
── 中小企業診断士試験を受験される皆様へ ──

中小企業診断士とは

　中小企業診断士は中小企業が健全な経営を行うために、適切な企業診断と経営に対する助言を行う専門家で、「中小企業支援法」に基づいた国家資格です。その資格の定義として、一般社団法人中小企業診断協会のホームページ上で、「中小企業診断士制度は、中小企業者が適切な経営の診断及び経営に関する助言を受けるに当たり、経営の診断及び経営に関する助言を行う者の選定を容易にするため、経済産業大臣が一定のレベル以上の能力を持った者を登録するための制度」としています。そして、その主な業務は「現状分析を踏まえた企業の成長戦略のアドバイス」であり、専門的知識の活用とともに、企業と行政、企業と金融機関等のパイプ役、中小企業への施策の適切な活用支援まで、幅広い活動に対応できるような知識や能力が求められています。

中小企業診断士試験の１次試験とは

　診断士の資格を得るためには、一般社団法人中小企業診断協会が行う診断士試験に合格しなければなりません。試験は１次試験の合格が必須で、合格後は①筆記の２次試験を受験し合格する、②独立行政法人中小企業基盤整備機構もしくは登録養成機関が実施する養成課程を修了する、のいずれかをクリアしなければ最終的な資格取得にはなりません。

　いずれにせよ、資格取得のためには診断士１次試験の突破は必要で、その受験科目は診断士として必要な学識を問う７科目で、〔A経済学・経済政策　B財務・会計　C企業経営理論　D運営管理（オペレーション・マネジメント）E経営法務　F経営情報システム　G中小企業経営・中小企業政策〕といった多岐にわたる筆記試験（多肢選択式）になっています。

１次試験突破に向けた本書の活用法

　このニュー・クイックマスターシリーズは、中小企業診断士１次試験７科目の突破に向け、できる限り効率的に必要な知識をマスターしていく、そこにウエイトを置いて編集されています。すなわち、７科目という幅広い受験科目の

中で試験に出やすい論点を重視し、網羅性や厳密さより学習する効率性や最終的な得点に結びつく効果を重視しています。そのため、財務・法務・情報システムのように別の資格試験では、さらに専門性が問われ、詳細な説明が必要とされている部分も、診断士1次試験に必要な部分だけに的を絞り、それ以外を思い切って削っています。

　本書は、各教科の項目ごとに必要な章立てがあり、そこでよく問われる（問われる可能性がある）項目を「論点」として掲げ、その【ポイント】で一番重要な部分を示し、本文の中で「論点を中心に必要な解説および図表」といった構成になっています。さらに【追加ポイント】と【過去問】で受験対策へのヒントを示しています。過去の試験で問われた箇所がわかることで、試験対策のイメージが湧き対策も練れることと思います。

　本書が思い切って網羅性よりも効率性を優先させた分、受験生である皆様の理解度や必要に応じて、本書の空きスペースに書き込むといった「自分の虎の巻である参考書」を作ることをお勧めします。理解への補足説明が必要な際は、インターネットや市販の書籍を通じ、知識の補完を本書に書き込むセルフマネジメントを試み、自分の使えるオリジナル参考書にしてください。

　本書では、**頻出論点をクイックに押さえるために、各論点に頻出度をＡ、Ｂでランク付けしています。**
　併せて、令和4年度と令和5年度の1次試験の中で、今後も出題が予想される頻出論点の問題には解答・解説を掲載しました。まずはこの問題から押さえてください。
　1次試験は、あくまで中小企業診断士の資格取得までの通過点に過ぎません。診断士試験は、限られたご自身の時間という経営資源を、より効果的・効率的に使い、あきらめずに真摯に立ち向かえば、必ず合格できる試験です。何よりもそんな時の頼れるパートナーでありたい、そんな本書をいつでも手元に置き、試験突破に向けてフル活用していただき、次のステップへ駒を進めてください。

ニュー・クイックマスター「中小企業経営・政策」に関して

　1次試験の「中小企業経営・政策」では、日本の中小企業経営の実態を、統計調査結果などを通して把握・理解し、中小企業診断士として各種支援策を活用した支援ができるよう、政策などに関する知識と理解を問われる内容となっています。

【中小企業経営】

　大部分が「中小企業白書」の内容に基づき出題されますが、例年、1次試験の直前に発表される最新版ではなく、前年に発表された白書に基づく内容が出題されております。そのため、本書では令和6（2024）年度の試験対策として、『2023年版中小企業白書』および『2023年版小規模企業白書』の内容に基づいて解説しています。

【中小企業政策】

　本書では中小企業支援に関わる政策の中から、頻出論点および重要論点についてまとめました。改正点等についても、過去問の類似論点の出題形式を基に重要だと思われるポイントをまとめています。

　本科目は一見暗記要素が多いと思われるかもしれませんが、試験の傾向としては本質的な理解ができていれば正答できる問題も散見されます。そのため、単なる暗記にとどめず本質的な理解に努めることで、より効率的に得点に結びつく学習ができると考えられます。
　本書が読者のみなさまの、合格の一助となることを心から願っております。

中小企業診断士試験クイック合格研究チーム
大久保裕之

【目　次】

Ⅰ　中小企業経営　47

Ⅱ 中小企業政策　183

＊頻出論点をクイックに押さえるために、各論点に頻出度をＡ、Ｂランク付けして記載
している。
原則として、令和元年度から令和5年度の過去5年間の出題頻度で下記のとおりのラ
ンク付けとしている。
【中小企業経営】3回以上を「A」、2回を「B」
【中小企業政策】4回以上を「A」、3回を「B」

序 章

「中小企業経営・政策」の過去問対策

1	令和5年度1次試験の分析
2	令和5年度の**重要・頻出問題**にチャレンジ
3	令和4年度の**重要・頻出問題**にチャレンジ

（おことわり）
本書では2023年8月5日、6日開催の1次試験について解説をして
います。沖縄地区における再試験は出題数等に反映しておりません。

1 令和5年度1次試験の分析

1 総評

● 令和5年度の試験は、大問数は28問と前年度から3問減ったが、設問数は例年同様に【中小企業経営】21問、【中小企業政策】21問であった。

● 配点は前年度と同様、【中小企業経営】で50点、【中小企業政策】で50点であった。

　【中小企業経営】については、『2022年版中小企業白書』からの出題が18問、『2022年版ものづくり白書』からの出題が1問、その他からの出題が2問となっている。例年どおり、中小企業白書の各章から抜粋された統計資料からの出題が多かった。対策においては、網羅的に白書を学習するのではなく、基本論点と併せて最近の中小企業を取り巻く状況について概要を把握しつつ、本書に掲載されている統計データのグラフや図に示される企業規模別、業種別の傾向を優先的に押さえられるとよい。

　【中小企業政策】については、頻出論点に関する出題が多く、難易度は高くなかったものと考えられる。対策においては、学習範囲を広げるのではなく、頻出論点を繰り返し復習することで習熟度を高めていけるとよい。

2 全体概況

問題数	問題数（設問数）は令和4年度と同様42問であった。 配点も【中小企業経営】50点、【中小企業政策】50点と、例年どおりである。
出題形式	【中小企業経営】 令和4年度と比較して、五肢択一選択肢が5問減り12問、四肢択一選択肢が5問増え9問であった。 【中小企業政策】 令和4年度と比較して、五肢択一選択肢が2問減り0問、四肢択一選択肢が2問増え21問であった。
出題分野	【中小企業経営】、【中小企業政策】について満遍なく問われた。 【中小企業経営】については、『2022年版中小企業白書』からの出題が18問、『2022年版ものづくり白書』からの出題が1問、その他からの出題が2問であった。 【中小企業政策】については、頻出論点からの出題が多く標準的な内容であった。
難易度	【中小企業経営】については、やや難易度が高く、【中小企業政策】については、頻出論点からの出題が多く得点しやすかったと考えられる。全体的な難易度は高くなく、例年どおりであった。 経営分野においては、網羅的に白書を学習するのではなく、基本論点と併せて最近の中小企業を取り巻く状況について概要を把握しつつ、本書に掲載されている統計データのグラフや図に示される企業規模別、業種別の傾向を優先的に押さえられるとよい。 政策分野においては、本書でも取り上げている頻出論点を押さえることで得点力が身につく。また、語句を暗記するだけではなく、意味を理解しておくこと、数字を正確に押さえておくことで、確実な得点力が身につく。

③ 頻出分野と対策

問題No・出題分野	分析と対策
第1問 【経営】 経済センサス（売上高、付加価値額）	【分析】 ●過去5年間で3回出題されている売上高・付加価値額に関する問題で、業種別の小規模企業の売上高について問われた。 【対策】 ●Ⅰ.中小企業経営の【論点3：経済センサス（売上高、付加価値額）】を参照し、業種別・規模別の売上高について押さえておくこと。
第2問 【経営】 経済センサス（企業数）	【分析】 ●過去5年間、毎年出題されている中小企業の企業数に関する問題で、業種別・企業規模別の企業数の割合が問われた。 【対策】 ●Ⅰ.中小企業経営の【論点1：経済センサス（企業数）】を参照し、業種別に見た中小企業および小規模事業者の企業数の全体に占める割合について押さえておくこと。また、経済センサスに基づく統計データについては業種別、企業規模別の傾向を把握しておくこと。
第3問 【経営】 中小企業実態基本調査	【分析】 ●過去5年間で3回出題されている中小企業実態基本調査に関する問題で、業種別の売上高経常利益率と自己資本比率について問われた。 【対策】 ●Ⅰ.中小企業経営の【論点7：中小企業実態基本調査】を参照し、業種ごとの各経営指標の特徴を押さえておくこと。
第19問 （設問1） 【政策】 中小企業者・小規模企業者の範囲	【分析】 ●過去5年間、毎年出題されている中小企業者の範囲に関する問題で、中小企業者の範囲について問われた。 【対策】 ●Ⅱ.中小企業政策の【論点3：中小企業者・小規模企業者の範囲】を参照し、中小企業基本法における中小企業者および小規模企業者の範囲について押さえておくこと。

第20問 (設問1、2) 【政策】 政策に応じた融資 制度	【分析】 ●過去5年間で、3回出題されている融資制度に関する問題 で、新創業融資制度の対象や融資内容について問われた。 【対策】 ●Ⅱ.中小企業政策の【論点18：政策に応じた融資制度】を 参照し、各種融資制度の内容について押さえておくこと。
第21問 (設問1、2) 【政策】 共済制度	【分析】 ●過去5年間、毎年出題されている共済制度に関する問題で、 小規模企業共済制度について問われた。 【対策】 ●Ⅱ.中小企業政策の【論点16：共済制度】を参照し、各種 共済制度の目的、掛金の税法上の扱い等を押さえておくこ と。
第28問 【政策】 補助金制度	【分析】 ●過去5年間で、4回出題されている補助金制度に関する問 題で、事業再構築補助金について問われた。 【対策】 ●Ⅱ.中小企業政策の【論点10：補助金制度】を参照し、事 業計画の要件や補助上限額、補助率等について押さえてお くこと。

④ 60点攻略のポイント～『ニュー・クイックマスター』を使ってできること～

　『2024年版 ニュー・クイックマスター中小企業経営・政策』では、令和元～5年度の過去5年間で【中小企業経営】については3回以上問われた論点を「A」、2回以上問われた論点を「B」、【中小企業政策】については4回以上問われた論点を「A」、3回以上問われた論点を「B」としている。

　令和5年度の試験では、約6割が本書の「A」および「B」論点からの出題であったため、「A」および「B」論点と各白書の内容を押さえておくことで、十分に合格得点圏の60点以上を目指せるものであった。

　各白書の内容は、分量も多く、すべてを暗記する必要はないが、中小企業施策の現状と方向性は確認しておきたい。本書では、過去5年分の試験問題分析により論点の優先順位付けを行い、さらに各白書の内容からポイントを絞って記載しているので、特に数字や傾向が示されている箇所や、図表を中心に内容を確認しておくなど、他の科目との時間配分等に配慮して学習を進めていっていただきたい。

【中小企業経営】

- ●【中小企業経営】は、企業者数や財務指標などの頻出論点に加え、規模・業種比較において特徴のあるデータを押さえることが攻略のポイントである。
- ●各種統計データをすべて覚えるのは困難であるため、「経済センサス」、「金融経済統計月報」、「中小企業実態基本調査」などの主要な付属統計資料を元に作成されているグラフデータを重点的に押さえておきたい。
- ●例年と異なり、令和5年度は『小規模企業白書』からの出題は見られなかったが、6年度以降の試験で出題される可能性は十分に考えられる。そのため、本書を活用して『2023年版中小企業白書・小規模企業白書（下)』の内容についても押さえておきたい。

【中小企業政策】

- ●【中小企業政策】は、頻出論点に加えて、改正点を正確に押さえておくことが攻略のポイントである。
- ●【中小企業経営】と同様に、中小企業白書を読むことで、中小企業の現状や、それに対する各種支援策として国が注力している点を知ることができるが、分厚い白書を網羅的に学習するのは効果的でない。本書で解説している点を中心に学習し、余裕があれば白書で全体の流れを掴んでおくとよい。
- ●「経営革新計画」と「経営力向上計画」など似た名称の支援制度が混在するため、意味があいまいな語句はそのままにせず、目的や役割の違いを確実に理解しておきたい。

2 令和5年度の重要・頻出問題にチャレンジ

経済センサス(売上高、付加価値額)

頻出度
A

➡ p.54

■ 令和5年度 第1問

　総務省・経済産業省「平成28年経済センサス－活動調査」に基づき、建設業、小売業、製造業について、小規模企業の売上高(会社及び個人の売上高、2015年時点)を比較した場合の記述として、最も適切なものはどれか。なお、企業規模区分は中小企業基本法に準ずるものとする。

ア　建設業の売上高は、小売業よりも多く、製造業よりも少ない。

イ　建設業の売上高は、製造業よりも多く、小売業よりも少ない。

ウ　小売業の売上高は、建設業よりも多く、製造業よりも少ない。

エ　小売業の売上高は、製造業よりも多く、建設業よりも少ない。

オ　製造業の売上高は、小売業よりも多く、建設業よりも少ない。

解答	オ

■ 解説

業種別の小規模企業の売上高に関する出題である。

総務省・経済産業省「平成28年経済センサス－活動調査」に基づき、建設業、小売業、製造業について、小規模企業の売上高を比較する。

「製造業の売上高は、小売業よりも多く、建設業よりも少ない」が正しい記述である。

よって、オが正解である。

【業種別売上高（2015年)】

（単位：億円）

業種	中小企業の売上高	
		うち小規模企業の売上高
建設業	754,237	360,908
小売業	704,925	140,078
製造業	1,494,508	242,408

出所：中小企業庁編『2022年版中小企業白書』4表p.Ⅲ-22をもとに作成

経済センサス（企業数）

頻出度 **A**

➡ p.48

■ 令和5年度　第2問

　総務省・経済産業省「平成28年経済センサス−活動調査」に基づき、産業別企業規模別企業数（民営、非一次産業、2016年）を見た場合の記述として、最も適切なものはどれか。

　なお、企業数は会社数と個人事業者数の合計とする。企業規模区分は中小企業基本法に準ずるものとする。小規模企業数割合は産業別の全企業数に占める割合とする。

ア　建設業の小規模企業数割合は、小売業を上回り、製造業を下回っている。

イ　建設業の中小企業数は、製造業を上回り、小売業を下回っている。

ウ　小売業の小規模企業数割合は、製造業を上回り、建設業を下回っている。

エ　製造業の中小企業数は、小売業を上回り、建設業を下回っている。

解答	イ

■ 解説

産業別企業規模別企業数に関する出題である。

総務省・経済産業省「平成28年経済センサス－活動調査」に基づき、産業別企業規模別企業数（民営、非一次産業、2016年）を見ると以下のとおりである。

「建設業の中小企業数は、製造業を上回り、小売業を下回っている」が正しい記述である。

よって、イが正解である。

【産業別企業規模別企業数と小規模企業数割合】

業種	全企業数	中小企業数	うち小規模企業数	全企業数に対する小規模企業数割合
建設業	430,999	430,727	410,820	95.3%
小売業	625,604	623,072	512,660	81.9%
製造業	382,478	380,517	327,617	85.7%

出所：中小企業庁編『2022年版中小企業白書』1表p. Ⅲ-10をもとに作成

中小企業実態基本調査

頻出度 **A**

➡ p.64

■ 令和5年度　第3問

　中小企業庁「令和3年中小企業実態基本調査（令和2年度決算実績）」に基づき、小売業、宿泊業・飲食サービス業、製造業について、売上高経常利益率と自己資本比率を全業種平均と比較した場合の記述として、最も適切なものはどれか。

ア　小売業では、売上高経常利益率、自己資本比率とも全業種平均を下回っている。

イ　小売業では、売上高経常利益率は全業種平均を上回り、自己資本比率は全業種平均を下回っている。

ウ　宿泊業・飲食サービス業では、売上高経常利益率は全業種平均を上回り、自己資本比率は全業種平均を下回っている。

エ　製造業では、売上高経常利益率、自己資本比率とも全業種平均を下回っている。

オ　製造業では、売上高経常利益率は全業種平均を上回り、自己資本比率は全業種平均を下回っている。

解答	ア

■ 解説

　売上高経常利益率と自己資本比率の平均値に関する出題である。

　中小企業庁「令和3年中小企業実態基本調査（令和2年度決算実績）」に基づき、小売業、宿泊業・飲食サービス業、製造業について、売上高経常利益率と自己資本比率を全業種平均と比較する。

　「小売業では、売上高経常利益率、自己資本比率とも全業種平均を下回っている」が正しい記述である。

　よって、アが正解である。

【中小企業の経営指標】

産業	売上高経常利益率	自己資本比率
全業種	3.25%	39.21%
小売業	1.90%	31.43%
宿泊業・飲食サービス業	▲ 4.16%	13.98%
製造業	3.85%	46.04%

出所：中小企業庁編『2022年版中小企業白書』15表 p. Ⅲ -50をもとに作成

中小企業者・小規模企業者の範囲

➡ p.189

■ **令和5年度　第19問（設問1）**

次の文章を読んで、下記の設問に答えよ。

　中小企業基本法は、中小企業施策について、基本理念・基本方針などを定めるとともに、国及び地方公共団体の責務などを規定することにより、中小企業施策を総合的に推進し、国民経済の健全な発展及び国民生活の向上を図ることを目的としている。

（設問1）

　この法律では、中小企業者の範囲が定められている。中小企業者の範囲に含まれる企業に関する正誤の組み合わせとして、最も適切なものを下記の解答群から選べ。

a　従業員数200人、資本金1億円の広告制作業

b　従業員数500人、資本金2億円の建築リフォーム工事業

〔解答群〕

ア　a：正　　　　b：正

イ　a：正　　　　b：誤

ウ　a：誤　　　　b：正

エ　a：誤　　　　b：誤

解答	ウ

■ 解説

中小企業基本法に基づく、中小企業者の範囲に関する出題である。

【中小企業者の定義】

業種分類	資本金額（出資の総額）	常時使用する従業員の数
製造業その他	3億円以下	300人以下
卸売業	1億円以下	100人以下
小売業	5千万円以下	50人以下
サービス業	5千万円以下	100人以下

※資本金または従業員数のどちらかの条件に該当すればよい。

a：「誤り」である。広告制作業はサービス業に該当する。当該企業は、「資本金額5千万円以下」、「従業員数100人以下」のいずれも満たしていないため、中小企業者には含まれない。

b：「正しい」である。建築リフォーム工事業は製造業その他に該当する。当該企業は、「資本金額3億円以下」であるため、中小企業者に含まれる。

よって、ウが正解である。

政策に応じた融資制度

頻出度 **A**

→ p.234

■ 令和5年度 第20問（設問1）

次の文章を読んで、下記の設問に答えよ。

飲食業の創業を予定しているX氏（現在、飲食業とは別業種に勤務中）から、「創業資金を借り入れたい」との相談を受けた中小企業診断士のY氏は、「新創業融資制度」を紹介することとした。

以下は、X氏とY氏との会話である。

X氏：「新創業融資制度ですか。初めて聞きました。それは、どのような融資なのでしょうか。」

Y氏：「この制度における対象者は、これから創業する方や税務申告を 2 期終えていない方です。Xさんは対象に含まれますね。「　A　」、「　B　」で融資を受けることができます。」

X氏：「そうですか。私が、この融資を受けるための要件を教えてください。」

Y氏：「自己資金に関する要件があります。具体的には、創業時において、創業資金総額の「　C　」の自己資金が確認できることが必要です。自己資金とは、事業に使用される予定の資金です。」

X氏：「創業に向けて貯金をしてきたので、この要件はクリアできると思います。」

（設問1）

会話の中の空欄AとBに入る語句の組み合わせとして、最も適切なものはどれか。

ア　A：事業計画などの審査を通じ　　　　B：無担保・経営者保証
イ　A：事業計画などの審査を通じ　　　　B：無担保・無保証人
ウ　A：商工会・商工会議所の推薦により　B：無担保・経営者保証
エ　A：商工会・商工会議所の推薦により　B：無担保・無保証人

解答	イ

■ 解説

　新創業融資制度に関する出題である。

　新創業融資制度の対象者の要件、担保・保証人として、以下が定められている。(日本政策金融公庫HPより引用)

- 対象者の要件

　新たに事業を始める方または事業開始後税務申告を2期終えていない方(注1)

　　(注1)「新たに営もうとする事業について、適正な事業計画を策定しており、当該計画を遂行する能力が十分あると認められる方」に限ります。なお、創業計画書のご提出等をいただき、事業計画の内容を確認させていただきます。

　　※審査の結果、お客さまのご希望に沿えないことがございます。

- 担保、保証人

　原則不要

　　※原則、無担保無保証人の融資制度であり、代表者個人には責任が及ばないものとなっております。法人のお客さまがご希望される場合は、代表者が連帯保証人となることも可能です。その場合は利率が0.1%低減されます。

　よって、イが正解である。

政策に応じた融資制度

➡ p.234

■ **令和5年度　第20問（設問2）**

次の文章を読んで、下記の設問に答えよ。

　飲食業の創業を予定しているX氏（現在、飲食業とは別業種に勤務中）から、「創業資金を借り入れたい」との相談を受けた中小企業診断士のY氏は、「新創業融資制度」を紹介することとした。

　以下は、X氏とY氏との会話である。

X氏：「新創業融資制度ですか。初めて聞きました。それは、どのような融資なのでしょうか。」

Y氏：「この制度における対象者は、これから創業する方や税務申告を2期終えていない方です。Xさんは対象に含まれますね。「　A　」、「　B　」で融資を受けることができます。」

X氏：「そうですか。私が、この融資を受けるための要件を教えてください。」

Y氏：「自己資金に関する要件があります。具体的には、創業時において、創業資金総額の「　C　」の自己資金が確認できることが必要です。自己資金とは、事業に使用される予定の資金です。」

X氏：「創業に向けて貯金をしてきたので、この要件はクリアできると思います。」

（設問2）

　会話の中の空欄Cに入る語句として、最も適切なものはどれか。

ア　10分の1以上

イ　5分の1以上

ウ　3分の1以上

エ　2分の1以上

解答	ア

■ 解説

新創業融資制度に関する出題である。

新創業融資制度の自己資金の要件として、以下が定められている。（日本政策金融公庫HPより引用）

・自己資金の要件

新たに事業を始める方、または事業開始後税務申告を1期終えていない方は、創業時において創業資金総額の<u>10分の1以上の自己資金</u>（事業に使用される予定の資金をいいます。）を確認できる方

ただし、「お勤めの経験がある企業と同じ業種の事業を始める方」、「創業塾や創業セミナーなど（産業競争力強化法に規定される認定特定創業支援等事業）を受けて事業を始める方」などに該当する場合は、本要件を満たすものとします。

よって、アが正解である。

共済制度

頻出度
A

➡ p.230

■ 令和5年度　第21問（設問1）

次の文章を読んで、下記の設問に答えよ。

小規模企業共済制度は、掛け金を納付することで、　A　である。

納付した掛金合計額の　B　で、事業資金などの貸付けを受けることができる。

（設問1）

文中の空欄AとBに入る語句の組み合わせとして、最も適切なものはどれか。

ア　A：簡単に従業員の退職金制度を設けることができる共済制度
　　B：2分の1以内

イ　A：簡単に従業員の退職金制度を設けることができる共済制度
　　B：範囲内

ウ　A：経営者が生活の安定や事業の再建を図るための資金をあらかじめ準備
　　　　しておくための共済制度
　　B：2分の1以内

エ　A：経営者が生活の安定や事業の再建を図るための資金をあらかじめ準備
　　　　しておくための共済制度
　　B：範囲内

解答	エ

■ 解説

　小規模企業共済制度に関する出題である。

　以下、中小企業基盤整備機構HPより引用。

＜概要＞

　国の機関である中小機構が運営する小規模企業共済制度は、小規模企業の経営者や役員、個人事業主などのための、積み立てによる退職金制度です。

＜制度内容＞

- 掛金は加入後も増減可能、掛金全額を所得控除可能

  月々の掛金は1,000〜70,000円まで500円単位で自由に設定が可能で、加入後も増額・減額できる。確定申告の際は、その全額を課税対象所得から控除できるため、高い節税効果があります。

- 共済金の受取りは一括・分割どちらも可能

  共済金は、退職・廃業時に受け取り可能。満期や満額はありません。共済金の受け取り方は「一括」「分割」「一括と分割の併用」が可能です。一括受取りの場合は退職所得扱いに、分割受取りの場合は、公的年金等の雑所得扱いとなり、税制メリットもあります。

- 低金利の貸付制度を利用できる

  契約者の方は、掛金の範囲内で事業資金の貸付制度をご利用いただけます。低金利で、即日貸付けも可能です。

　上記より、小規模企業共済制度は、掛金を納付することで、経営者が生活の安定や事業の再建を図るための資金をあらかじめ準備しておくための共済制度である。

　納付した掛金合計額の範囲内で、事業資金などの貸し付けを受けることができる。

　よって、エが正解である。

共済制度

➡ p.230

■ 令和5年度　第21問（設問2）

次の文章を読んで、下記の設問に答えよ。

　小規模企業共済制度は、掛け金を納付することで、　A　である。
　納付した掛金合計額の　B　で、事業資金などの貸付けを受けることがで
きる。

（設問2）

　小規模企業共済制度に関する記述として、最も適切なものはどれか。

ア　18,000円以下の掛金を増額する事業主に対して、増額分の3分の1を増
　　額した月から1年間、国が助成する。

イ　共済金の受け取り方は、「一括」「分割」「一括と分割の併用」が可能である。

ウ　その年に納付した掛金の50%は、その年分の総所得金額から所得控除で
　　きる。

エ　初めて加入した事業主に対して、掛金月額の2分の1を4カ月目から1年
　　間、国が助成する。

解答	イ

■ **解説**

　小規模企業共済制度に関する出題である。

ア：「不適切」である。小規模企業共済制度には国が掛金を助成する制度はない。

イ：「適切」である。共済金には満期や満額はなく、受け取り方は「一括」「分割」
　　「一括と分割の併用」が可能である。

ウ：「不適切」である。その年に納付した掛金の全額を、その年分の総所得金額
　　から所得控除できる。

エ：「不適切」である。小規模企業共済制度には国が掛金を助成する制度はない。

　　よって、イが正解である。

補助金制度

■ **令和5年度　第28問（設問1）**

　次の文章を読んで、下記の設問に答えよ。

　中小企業診断士のX氏は、ポストコロナ時代の経済社会の変化に対応するため事業再構築に意欲を有する中小企業の経営者Y氏（食料品製造業）から、事業再構築補助金に関する相談を受けた。X氏は、Y氏に対して、中小企業庁の事業再構築指針に基づく説明を行うことにした。

　以下は、X氏とY氏との会話である。

X氏：「事業再構築とは、新市場進出（新分野展開、業態転換）、事業転換、業種転換、事業再編または国内回帰のいずれかを行う計画に基づく事業活動のことです。」

Y氏：「そうなのですね。当社は、とくに新分野展開に関心があります。たとえば、　A　などは、新分野展開に該当するのでしょうか。」

X氏：「はい、該当します。ただし、新製品の売上高などに関する要件があります。」

Y氏：「売上高に関する要件ですか。具体的に教えていただけますか。」

X氏：「事業計画期間終了後、新製品の売上高が原則として総売上高の　B　となる計画を策定することが必要になります。」

（設問1）

　会話の中の空欄Aに入る記述として、最も適切なものはどれか。

ア　過去に製造していた自社製品を再製造し、新たな市場に進出すること

イ　自社の既存の製品を単に組み合わせて新製品を製造し、新たな市場に進出すること

ウ　自社の既存の製品に容易な改変を加えた新製品を製造し、新たな市場に進出すること

エ　他社の先行事例を参考に自社の既存製品と比較し高性能の製品を新規に開発し、新たな市場に進出すること

解答	エ

■ 解説

事業再構築補助金および事業再構築指針に関する出題である。

事業再構築とは、新市場進出（新分野展開、業態転換）、事業転換、業種転換、事業再編または国内回帰のいずれかを行う計画に基づく事業活動のことである。

この設問では、新市場進出（新分野展開、業態転換）の要件を問われている。

新市場進出に該当するには、①製品等の新規性要件、②市場の新規性要件、③新事業売上高10％等要件の3つを満たす必要がある。

①製品等の新規性要件
- 過去に製造等した実績がないこと
- 定量的に性能又は効能が異なること

②市場の新規性要件
- 既存事業と新規事業の顧客層が異なること

③新事業売上高10％等要件
- 3～5年間の事業計画期間終了後、新たな製品等の売上高が総売上高の10％（又は総付加価値額の15％）以上となる計画を策定すること

ア：「不適切」である。過去に製造していた実績がある場合は、「製品等の新規性要件」を満たさない。

イ：「不適切」である。自社の既存の製品を単に組み合わせただけでは、「製品等の新規性要件」を満たさない。

ウ：「不適切」である。自社の既存の製品に容易な改変を加えただけでは、「製品等の新規性要件」を満たさない。

エ：「適切」である。自社の既存製品と比較し高性能の製品を新規に開発することは、「製品等の新規性要件」を満たす。

よって、エが正解である。

補助金制度

■ 令和5年度　第28問（設問2）

次の文章を読んで、下記の設問に答えよ。

中小企業診断士のX氏は、ポストコロナ時代の経済社会の変化に対応するため事業再構築に意欲を有する中小企業の経営者Y氏（食料品製造業）から、事業再構築補助金に関する相談を受けた。X氏は、Y氏に対して、中小企業庁の事業再構築指針に基づく説明を行うことにした。

以下は、X氏とY氏との会話である。

X氏：「事業再構築とは、新市場進出（新分野展開、業態転換）、事業転換、業種転換、事業再編または国内回帰のいずれかを行う計画に基づく事業活動のことです。」

Y氏：「そうなのですね。当社は、とくに新分野展開に関心があります。たとえば、　A　などは、新分野展開に該当するのでしょうか。」

X氏：「はい、該当します。ただし、新製品の売上高などに関する要件があります。」

Y氏：「売上高に関する要件ですか。具体的に教えていただけますか。」

X氏：「事業計画期間終了後、新製品の売上高が原則として総売上高の　B　となる計画を策定することが必要になります。」

（設問2）

会話の中の空欄Bに入る語句として、最も適切なものはどれか。

ア　5％以上

イ　10％以上

ウ　15％以上

エ　20％以上

解答	イ

■ **解説**

　事業再構築補助金、事業再構築指針に関する出題である。

　前問の解説のとおり、③新事業売上高10％等要件があるため、「事業計画期間終了後、新製品の売上高が原則として<u>総売上高の10％以上</u>となる計画を策定することが必要」である。

　よって、イが正解である。

3 令和4年度の重要・頻出問題にチャレンジ

経済センサス（企業数）

頻出度
A

➡ p.48

■ 令和4年度　第2問

　総務省・経済産業省「平成28年経済センサス－活動調査」に基づき、製造業、卸売業、小売業について、業種ごとの企業数全体に占める企業規模別の割合（企業数割合）を比較した場合の記述として、最も適切なものはどれか。

　なお、ここで企業数は会社数と個人事業者数の合計とする。また、企業規模区分は中小企業基本法に準ずるものとし、中規模企業とは小規模企業以外の中小企業を指すものとする。

ア　小規模企業数割合は卸売業が最も高く、中規模企業数割合は製造業が最も高い。

イ　小規模企業数割合は小売業が最も高く、中規模企業数割合は卸売業が最も高い。

ウ　小規模企業数割合は小売業が最も高く、中規模企業数割合は製造業が最も高い。

エ　小規模企業数割合は製造業が最も高く、中規模企業数割合は卸売業が最も高い。

オ　小規模企業数割合は製造業が最も高く、中規模企業数割合は小売業が最も高い。

解答	エ

■ **解説**

　業種別・企業規模別の企業数の割合に関する出題である。

　総務省・経済産業省「平成28年経済センサス-活動調査」に基づき、製造業、卸売業、小売業について、業種ごとの企業数全体に占める企業規模別の割合（企業数割合）を比較する。

　製造業、卸売業、小売業において、小規模企業数割合が最も高いのは製造業であり、中規模企業数割合が最も高いのは卸売業である。

　よって、エが正解である。

【 業種別・企業規模別の企業数の内訳 】

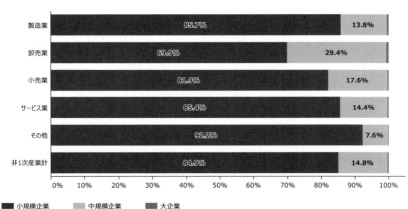

資料：総務省・経済産業省「平成28年経済センサス-活動調査」再編加工
(注)1.企業数＝会社数＋個人事業者数とする。
2.「サービス業」には、「情報通信業」、「不動産業，物品賃貸業」、「学術研究，専門・技術サービス業」、「宿泊業，飲食サービス業」、「生活関連サービス業，娯楽業」、「教育，学習支援業」、「医療，福祉」、「複合サービス事業」、「サービス業（他に分類されないもの）」が含まれる。「その他」には、「鉱業，採石業，砂利採取業」、「建設業」、「電気・ガス・熱供給・水道業」、「運輸業，郵便業」、「金融業，保険業」が含まれる。

出所：中小企業庁編『2021年版中小企業白書』第1-2-1図p. I -122

中小企業・小規模事業者の動向（付加価値額）

➡ p.56, 93

■ **令和4年度　第4問**

　財務省「法人企業統計調査年報」に基づき、2003年度から 2019年度の期間について、製造業、非製造業別に、中小企業の従業員一人当たり付加価値額（労働生産性）の推移を見た場合の記述として、最も適切なものはどれか。

　なお、ここでは資本金1億円未満の企業を中小企業とする。

ア　製造業は減少傾向、非製造業は増加傾向にある。

イ　製造業は増加傾向、非製造業は減少傾向にある。

ウ　製造業、非製造業とも減少傾向にある。

エ　製造業、非製造業とも増加傾向にある。

オ　製造業、非製造業とも横ばい傾向にある。

<table>
<tbody>
<tr><td>解答</td><td>オ</td></tr>
</tbody>
</table>

■ 解説

　中小企業の従業員一人当たり付加価値額（労働生産性）の推移に関する出題である。

　財務省「法人企業統計調査年報」に基づき、2003年度から2019年度の期間について、製造業、非製造業別に、中小企業の従業員一人当たり付加価値額（労働生産性）の推移を見ると、下図のとおり製造業、非製造業とも横ばい傾向にある。

　よって、オが正解である。

【 企業規模別従業員一人当たり付加価値額（労働生産性）の推移 】

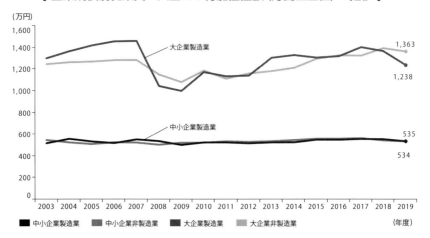

資料：財務省「法人企業統計調査年報」
(注) 1.ここでいう大企業とは資本金10億円以上、中小企業とは資本金1億円未満の企業とする。
2. 平成18年度調査以前は付加価値額＝営業純益(営業利益－支払利息等)＋役員給与＋従業員給与＋福利厚生費＋支払利息等＋動産・不動産賃借料＋租税公課とし、平成19年度調査以降はこれに役員賞与、及び従業員賞与を加えたものとする。

出所：中小企業庁編『2021年版中小企業白書』第1-2-11図p.Ⅰ-134

中小企業・小規模事業者の動向（開廃業率）

➡ p.59, 139

■ 令和4年度　第6問

　厚生労働省「雇用保険事業年報」に基づき、2000年度から2019年度の期間について、わが国の開業率と廃業率の推移を見た場合の記述として、最も適切なものはどれか。

　なお、ここでは事業所における雇用関係の成立を開業、消滅を廃業とみなしている。開業率は当該年度に雇用関係が新規に成立した事業所数を前年度末の適用事業所数で除して算出する。廃業率は当該年度に雇用関係が消滅した事業所数を前年度末の適用事業所数で除して算出する。適用事業所とは、雇用保険に係る労働保険の保険関係が成立している事業所である（雇用保険法第5条）。

ア　開業率は、2000年度以降、廃業率を一貫して上回っている。

イ　開業率は、2000年度から 2009年度まで廃業率を一貫して上回り、2010年度から 2019年度まで廃業率を一貫して下回っている。

ウ　開業率は、2000年度から 2009年度まで廃業率を一貫して下回り、2010年度から 2019年度まで廃業率を一貫して上回っている。

エ　開業率は、2010年度から 2019年度まで低下傾向で推移している。

オ　廃業率は、2010年度から 2019年度まで低下傾向で推移している。

解答	オ

■ 解説

わが国の開業率と廃業率の推移に関する出題である。

厚生労働省「雇用保険事業年報」に基づき、2000年度から2019年度の期間について、わが国の開業率と廃業率の推移を確認する。

【 開業率・廃業率の推移 】

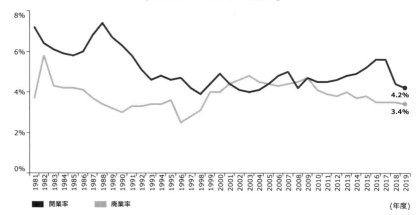

資料：厚生労働省「雇用保険事業年報」のデータを基に中小企業庁が算出
(注)1.開業率は、当該年度に雇用関係が新規に成立した事業所数／前年度末の適用事業所数である。
2.廃業率は、当該年度に雇用関係が消滅した事業所数／前年度末の適用事業所数である。
3.適用事業所とは、雇用保険に係る労働保険の保険関係が成立している事業所数である（雇用保険法第5条）。

出所：中小企業庁編『2021年版中小企業白書』第1-2-17図p.Ⅰ-140

ア：「不適切」である。2000年度以降、廃業率が開業率を上回っている期間がある。

イ、ウ：「不適切」である。2000年度から2009年度まで開業率が廃業率を上回っている期間もあり、下回っている期間もある。2010年度からは開業率が廃業率を一貫して上回っている。

エ：「不適切」である。開業率は2010年度以降増加傾向で推移したのち、2017年度以降は低下傾向となっている。

オ：「適切」である。廃業率は2010年度から2019年度まで低下傾向で推移している。

よって、オが正解である。

中小企業者・小規模企業者の範囲

➡ p.189

■ 令和4年度　第18問（設問1）

次の文章を読んで、下記の設問に答えよ。

　中小企業基本法では、第2条で①中小企業者の範囲と②小規模企業者の範囲を定めている。また、第5条では③中小企業に関する施策の基本方針を示している。

（設問1）
文中の下線部①に含まれる企業に関する正誤の組み合わせとして、最も適切なものを下記の解答群から選べ。

a　従業員数500人、資本金3億円の製造業

b　従業員数150人、資本金6,000万円のサービス業

〔解答群〕
ア　a：正　　b：正

イ　a：正　　b：誤

ウ　a：誤　　b：正

エ　a：誤　　b：誤

解答	イ

■ **解説**

中小企業基本法に基づく、中小企業者の範囲に関する出題である。

【 中小企業者の定義 】

業種分類	資本金額（出資の総額）	常時使用する従業員の数
製造業その他	3億円以下	300人以下
卸売業	1億円以下	100人以下
小売業	5千万円以下	50人以下
サービス業	5千万円以下	100人以下

※資本金または従業員数のどちらかの条件に該当すればよい。

a：「正しい」である。「資本金3億円の製造業」は中小企業者である。

b：「誤り」である。「資本金6,000万円のサービス業」は中小企業者ではない。
また、常時使用する従業員の数の面でも条件（従業員100人以下）を満た
していない。

よって、イが正解である。

中小企業者・小規模企業者の範囲

→ p.189

■ **令和4年度　第18問（設問2）**

次の文章を読んで、下記の設問に答えよ。

中小企業基本法では、第2条で①中小企業者の範囲と②小規模企業者の範囲を定めている。また、第5条では③中小企業に関する施策の基本方針を示している。

（設問2）

文中の下線部②に含まれる企業に関する正誤の組み合わせとして、最も適切なものを下記の解答群から選べ。

a　従業員数30人、資本金300万円の製造業

b　従業員数10人の個人経営の小売業

〔解答群〕

ア　a：正　　b：正

イ　a：正　　b：誤

ウ　a：誤　　b：正

エ　a：誤　　b：誤

解答	エ

■ 解説

　中小企業基本法に基づく、小規模企業者の範囲に関する出題である。

【 小規模企業者の定義 】

業種分類	資本金額（出資の総額）	常時使用する従業員の数
製造業その他	条件はない	20人以下
卸売業・小売業・サービス業		5人以下

a：「誤り」である。従業員数30人の製造業は小規模企業者ではない。

b：「誤り」である。従業員数10人の小売業は小規模企業者ではない。

　よって、エが正解である。

中小企業等経営強化法に基づく支援

頻出度 **A**

➡ p.206

■ 令和4年度　第20問（設問1）

次の文章を読んで、下記の設問に答えよ。

「経営革新支援事業」は、経営の向上を図るために新たな事業活動を行う経営革新計画の承認を受けると、日本政策金融公庫の特別貸付制度や信用保証の特例など多様な支援を受けることができるものである。

対象となるのは、事業内容や<u>経営目標</u>を盛り込んだ計画を作成し、新たな事業活動を行う特定事業者である。

（設問1）

文中の下線部の経営目標に関する以下の記述の空欄AとBに入る語句の組み合わせとして、最も適切なものを下記の解答群から選べ。

　　　A　の事業期間において付加価値額または従業員一人当たりの付加価値額が年率3％以上伸び、かつ　　　B　が年率1.5％以上伸びる計画となっていること。

〔解答群〕

ア　A：1から3年　　B：売上高

イ　A：1から3年　　B：給与支給総額

ウ　A：3から5年　　B：売上高

エ　A：3から5年　　B：給与支給総額

解答	エ

■ 解説

　中小企業等経営強化法に基づく、経営革新計画の要件に関する出題である。

　経営革新計画は、「新事業活動」に取り組み、**「経営の相当程度の向上」**を図ることを目的に策定する中期的な経営計画書である。「新事業活動」とは、以下の4つの分類の、いずれかに該当するものをいう。

　　①新商品の開発または生産
　　②新役務（サービス）の開発または提供
　　③商品の新たな生産または販売の方式の導入
　　④役務（サービス）の新たな提供の方式の導入その他の新たな事業活動

　「経営の相当程度の向上」とは、**3～5年間の事業期間**（研究開発期間を含む計画期間は3～8年）において、付加価値額または従業員一人当たりの付加価値額が年率平均3％以上伸び、かつ、**給与支給総額**が年率平均1.5％以上伸びることが必要である。

　よって、エが正解である。

中小企業等経営強化法に基づく支援

頻出度
A

➡ p.206

■ 令和4年度　第20問（設問2）

次の文章を読んで、下記の設問に答えよ。

「経営革新支援事業」は、経営の向上を図るために新たな事業活動を行う経営革新計画の承認を受けると、日本政策金融公庫の特別貸付制度や信用保証の特例など多様な支援を受けることができるものである。

対象となるのは、事業内容や<u>経営目標</u>を盛り込んだ計画を作成し、新たな事業活動を行う特定事業者である。

（設問2）

文中の下線部の経営目標で利用される「付加価値額」として、最も適切なものはどれか。

ア　営業利益

イ　営業利益 ＋ 人件費

ウ　営業利益 ＋ 人件費 ＋ 減価償却費

エ　営業利益 ＋ 人件費 ＋ 減価償却費 ＋ 支払利息等

オ　営業利益 ＋ 人件費 ＋ 減価償却費 ＋ 支払利息等 ＋ 租税公課

解答	ウ

■ 解説

経営革新計画の経営目標で利用される付加価値額に関する出題である。

経営革新計画の経営目標で利用される付加価値額の算定式は、以下のとおりである。

付加価値額＝営業利益＋人件費＋減価償却費

よって、ウが正解である。

下請代金支払遅延等防止法（下請法）

→ p.223

■ 令和4年度　第21問　（設問1）

次の文章を読んで、下記の設問に答えよ。

①下請代金支払遅延等防止法（下請代金法）は、親事業者の不公正な取引を規制し、下請事業者の利益を保護することを目的として、下請取引のルールを定めている。

中小企業庁と公正取引委員会は、親事業者が②下請代金法のルールを遵守しているかどうか、毎年調査を行い、違反事業者に対しては、同法の遵守について指導している。

（設問1）

文中の下線部①が適用される取引として、最も適切なものはどれか。

ア　飲食業（資本金500万円）が、サービス業（資本金100万円）に物品の修理委託をする。

イ　家電製造業（資本金500万円）が、金属部品製造業（資本金300万円）に製造委託をする。

ウ　衣類卸売業（資本金1,500万円）が、衣類製造業（資本金1,000万円）に製造委託をする。

エ　家具小売業（資本金2,000万円）が、家具製造業（資本金1,500万円）に製造委託をする。

オ　電子部品製造業（資本金1億円）が、電子部品製造業（資本金3,000万円）に製造委託をする。

解答	ウ

■ 解説

下請代金支払遅延等防止法（下請法）が適用される取引に関する出題である。

下請法では、下図のとおり下請業務の種類と資本金額に応じて適用対象となる取引が定められている。

【 下請代金支払遅延等防止法の範囲 】

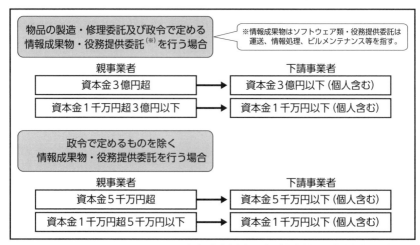

出所：中小企業庁HP「下請代金支払遅延等防止法」を参考に作成

ア：「不適切」である。飲食業（資本金500万円）は親事業者に該当しないため、下請法は適用されない。

イ：「不適切」である。家電製造業（資本金500万円）は親事業者に該当しないため、下請法は適用されない。

ウ：「適切」である。衣類卸売業（資本金1,500万円）は親事業者に該当し、衣類製造業（資本金1,000万円）は下請事業者に該当するため、下請法が適用される。

エ：「不適切」である。家具小売業（資本金2,000万円）が家具製造業（資本金1,500万円）に対して製造委託する取引において、家具製造業は下請事業者に該当しないため、下請法は適用されない。

オ：「不適切」である。電子部品製造業（資本金1億円）が電子部品製造業（資本金3,000万円）に対して製造委託する取引において、後者の電子部品製造業は下請事業者に該当しないため、下請法は適用されない。

よって、ウが正解である。

下請代金支払遅延等防止法（下請法）

頻出度 A

→ p.223

■ 令和4年度　第21問　（設問2）

次の文章を読んで、下記の設問に答えよ。

_①下請代金支払遅延等防止法（下請代金法）は、親事業者の不公正な取引を規制し、下請事業者の利益を保護することを目的として、下請取引のルールを定めている。

中小企業庁と公正取引委員会は、親事業者が_②下請代金法のルールを遵守しているかどうか、毎年調査を行い、違反事業者に対しては、同法の遵守について指導している。

（設問2）

文中の下線部②について、親事業者の義務に関する記述の正誤の組み合わせとして、最も適切なものを下記の解答群から選べ。

a　下請代金の支払期日について、給付を受領した日（役務の提供を受けた日）から3週間以内で、かつできる限り短い期間内に定める義務

b　支払期日までに支払わなかった場合は、給付を受領した日（役務の提供を受けた日）の60日後から、支払を行った日までの日数に、年率14.6％を乗じた金額を「遅延利息」として支払う義務

〔解答群〕

ア　a：正　　b：正

イ　a：正　　b：誤

ウ　a：誤　　b：正

エ　a：誤　　b：誤

解答	ウ

■ 解説

　下請代金支払遅延等防止法（下請法）における親事業者の義務に関する出題である。

　下請法では下請事業者の利益保護を目的として、取引における「親事業者の義務」と「禁止行為」を定めている。ここでは、設問で問われている親事業者の義務について解説する。

【 親事業者の義務 】

発注書面の交付義務	委託後、直ちに、給付の内容、下請代金の額、支払期日及び支払方法等の事項を記載した書面を交付する義務。
発注書面の作成、保存義務	委託後、給付、給付の受領（役務の提供の実施）、下請代金の支払等について記載した書類等を作成し、保存する義務（2年間）。
下請代金の支払期日を定める義務	下請代金の支払期日について、給付を受領した日（役務の提供を受けた日）から60日以内で、かつできる限り短い期間内に定める義務。
遅延利息の支払義務	支払期日までに支払わなかった場合は、給付を受領した日（役務の提供を受けた日）の60日後から、支払を行った日までの日数に、年率14.6％を乗じた金額を「遅延利息」として支払う義務。

出所：中小企業庁HP「下請代金支払遅延等防止法」より抜粋

a：「誤り」である。**3週間以内**ではなく**60日以内**である。

b：「正しい」である。

　よって、ウが正解である。

補助金制度

頻出度

A

➡ p.213

■ 令和4年度　第28問

　「ものづくり・商業・サービス生産性向上促進補助金」は、生産性向上に資する革新的サービス開発・試作品開発・生産プロセスの改善を行う中小企業・小規模事業者などの設備投資などを支援するものである。

　この補助金の対象となる者は、事業計画を策定し実施する中小企業・小規模事業者などである。この事業計画の要件として、最も適切なものはどれか。

ア　売上高を年率3%以上向上

イ　給与支給総額を年率1.5%以上向上

ウ　事業場内最低賃金を地域別最低賃金100円以上向上

エ　付加価値額を年率5%以上向上

解答	イ

■ 解説

　ものづくり・商業・サービス生産性向上促進補助金（ものづくり補助金）に関する出題である。

　制度概要は次のとおりである。

＜概要＞

　ものづくり補助金は、人口減少の構造変化に加え、働き方改革や被用者保険の適用拡大、賃上げ、インボイス導入等、複数年にわたり相次ぐ制度変更に対応するため、生産性向上に資する革新的サービス開発・試作品開発・生産プロセスの改善を行う中小企業・小規模事業者等の設備投資等、および一定数以上の中小企業・小規模事業者等の新規ビジネスモデルの構築を支援するプログラム経費の一部を支援する制度である。

＜対象＞

　以下の要件を満たす事業計画（3～5年）を策定し実施する中小企業・小規模事業者等。

　　① 付加価値額の年率 3％以上向上

　　② 給与支給総額の年率 1.5％以上向上

　　③ 事業場内最低賃金を地域別最低賃金 30円以上向上

ア：「不適切」である。「売上高」は事業計画の要件に入っていない。

イ：「適切」である。

ウ：「不適切」である。「100円以上」ではなく「30円以上」である。

エ：「不適切」である。付加価値額の年率は「5％以上向上」ではなく「3％以上向上」である。

　よって、イが正解である。

I

中小企業経営

論点1 経済センサス（企業数）

ポイント

> 『2023年版中小企業白書』では前年版に引き続き2009年、2012年、2014年、2016年時点の数値が併記された図表が掲載された。中小企業が企業数全体に占める割合は99.7%、小規模企業が企業数全体に占める割合は84.9%である。

1 産業別規模別企業数

① 企業数

　日本の企業数（会社数＋個人事業者数）は全体としては2009年に約421万者あったが、2016年は約358万者台であり一貫して減少傾向にある。2014年から2016年にかけては23万者の減少で、内訳は大企業が47者増加、中規模企業が3万者減少、小規模企業が20万者減少している。中小企業数の割合は2009年、2012年、2014年、2016年の統計において一貫して99.7%だが、小規模企業が占める割合は一貫して減少している。

② 産業別に見た企業数およびその推移

　2009年～2016年において最も企業数が多いのは「小売業」であった。2016年における企業数は、多い順に「小売業」「宿泊業、飲食サービス業」「建設業」「製造業」「生活関連サービス業、娯楽業」である。

③ 企業数の推移

　中小企業で2009年と比較して2016年において増加している産業は「電気・ガス・熱供給・水道業」および「医療、福祉」のみである。一方、減少している産業においては、特に「小売業」の減少幅が大きい。

【 産業別規模別企業数（民営、非一次産業、2009年、2012年、2014年、2016年）】

(1) 企業数(会社数+個人事業者数)

産業	年	中小企業 企業数	構成比(%)	うち小規模企業 企業数	構成比(%)	大企業 企業数	構成比(%)	合計 企業数	構成比(%)
鉱業, 採石業, 砂利採取業	2009	2,059	99.8	1,844	89.4	4	0.2	2,063	100.0
	2012	1,676	99.9	1,489	88.7	2	0.1	1,678	100.0
	2014	1,454	99.7	1,284	88.1	4	0.3	1,458	100.0
	2016	1,310	99.7	1,138	86.6	4	0.3	1,314	100.0
建設業	2009	519,259	99.9	499,167	96.1	280	0.1	519,539	100.0
	2012	467,119	99.9	448,293	95.9	291	0.1	467,410	100.0
	2014	455,269	99.9	435,110	95.5	284	0.1	455,553	100.0
	2016	430,727	99.9	410,820	95.3	272	0.1	430,999	100.0
製造業	2009	446,499	99.5	394,281	87.9	2,036	0.5	448,535	100.0
	2012	429,468	99.5	373,766	86.6	2,044	0.5	431,512	100.0
	2014	413,339	99.5	358,769	86.4	1,957	0.5	415,296	100.0
	2016	380,517	99.5	327,617	85.7	1,961	0.5	382,478	100.0
電気・ガス・熱供給・水道業	2009	786	96.7	528	64.9	27	3.3	813	100.0
	2012	657	96.1	410	59.9	27	3.9	684	100.0
	2014	1,000	97.2	708	68.8	29	2.8	1,029	100.0
	2016	975	96.9	699	69.5	31	3.1	1,006	100.0
情報通信業	2009	49,503	97.6	34,526	68.1	1,222	2.4	50,725	100.0
	2012	44,332	98.9	29,558	65.9	508	1.1	44,840	100.0
	2014	45,254	98.8	29,993	65.5	533	1.2	45,787	100.0
	2016	42,454	98.7	27,782	64.6	552	1.3	43,006	100.0
運輸業, 郵便業	2009	81,373	99.7	62,361	76.4	251	0.3	81,624	100.0
	2012	74,316	99.7	55,287	74.2	245	0.3	74,561	100.0
	2014	73,136	99.7	53,255	72.6	251	0.3	73,387	100.0
	2016	67,220	99.7	48,326	71.6	236	0.3	67,456	100.0
卸売業, 小売業 — 卸売業・小売業計	2009	1,047,079	99.6	869,196	82.7	4,224	0.4	1,051,303	100.0
	2012	919,671	99.6	751,845	81.4	3,917	0.4	923,588	100.0
	2014	896,102	99.5	712,939	79.2	4,182	0.5	900,284	100.0
	2016	831,058	99.5	659,141	78.9	4,076	0.5	835,134	100.0
卸売業	2009	241,917	99.3	175,592	72.1	1,693	0.7	243,610	100.0
	2012	225,599	99.3	163,713	72.1	1,508	0.7	227,107	100.0
	2014	227,908	99.3	162,533	70.8	1,575	0.7	229,483	100.0
	2016	207,986	99.3	146,481	69.9	1,544	0.7	209,530	100.0
小売業	2009	805,162	99.7	693,604	85.9	2,531	0.3	807,693	100.0
	2012	694,072	99.7	588,132	84.4	2,409	0.3	696,481	100.0
	2014	668,194	99.6	550,406	82.1	2,607	0.4	670,801	100.0
	2016	623,072	99.6	512,660	81.9	2,532	0.4	625,604	100.0
金融業, 保険業	2009	34,672	99.3	33,546	96.0	258	0.7	34,930	100.0
	2012	30,184	99.2	29,187	95.9	253	0.8	30,437	100.0
	2014	29,959	99.1	28,821	95.4	259	0.9	30,218	100.0
	2016	27,338	99.0	26,180	94.8	271	1.0	27,609	100.0
不動産業, 物品賃貸業	2009	352,548	99.9	345,065	97.8	303	0.1	352,851	100.0
	2012	325,803	99.9	318,962	97.8	276	0.1	326,079	100.0
	2014	319,221	99.9	311,568	97.5	296	0.1	319,517	100.0
	2016	299,961	99.9	292,610	97.4	322	0.1	300,283	100.0
学術研究, 専門・技術サービス業	2009	203,060	99.7	174,375	85.6	582	0.3	203,642	100.0
	2012	185,730	99.7	159,400	85.6	550	0.3	186,280	100.0
	2014	188,455	99.7	160,861	85.1	622	0.3	189,077	100.0
	2016	181,763	99.6	154,892	84.9	683	0.4	182,446	100.0
宿泊業, 飲食サービス業	2009	604,050	99.8	524,811	86.7	936	0.2	604,986	100.0
	2012	543,543	99.9	475,183	87.3	718	0.1	544,261	100.0
	2014	544,281	99.9	464,989	85.3	759	0.1	545,040	100.0
	2016	509,698	99.9	435,199	85.3	736	0.1	510,434	100.0
生活関連サービス業, 娯楽業	2009	404,764	99.9	373,089	92.1	543	0.1	405,307	100.0
	2012	383,059	99.9	357,806	93.3	512	0.1	383,571	100.0
	2014	382,304	99.9	353,250	92.3	542	0.1	382,846	100.0
	2016	363,009	99.8	337,843	92.9	572	0.2	363,581	100.0
教育, 学習支援業	2009	110,895	99.9	100,213	90.3	124	0.1	111,019	100.0
	2012	103,867	99.9	92,619	89.1	121	0.1	103,988	100.0
	2014	107,479	99.9	94,409	87.7	129	0.1	107,608	100.0
	2016	101,663	99.9	88,993	87.4	136	0.1	101,799	100.0
医療, 福祉	2009	194,822	99.9	143,584	73.6	243	0.1	195,065	100.0
	2012	195,088	99.9	140,484	71.9	232	0.1	195,320	100.0
	2014	210,326	99.9	146,427	69.5	258	0.1	210,584	100.0
	2016	207,043	99.9	143,291	69.1	275	0.1	207,318	100.0
複合サービス事業	2009	3,617	99.9	3,604	99.6	2	0.1	3,619	100.0
	2012	3,476	100.0	3,461	99.5	1	0.0	3,477	100.0
	2014	3,492	100.0	3,478	99.6	1	0.0	3,493	100.0
	2016	3,375	100.0	3,360	99.5	1	0.0	3,376	100.0
サービス業(他に分類されないもの)	2009	146,278	99.4	105,171	71.5	891	0.6	147,169	100.0
	2012	144,945	99.4	105,064	72.0	899	0.6	145,844	100.0
	2014	138,157	99.3	96,393	69.3	1,004	0.7	139,161	100.0
	2016	130,065	99.2	90,499	69.0	1,029	0.8	131,094	100.0
非1次産業計	2009	4,201,264	99.7	3,665,361	87.0	11,926	0.3	4,213,190	100.0
	2012	3,852,934	99.7	3,342,814	86.5	10,596	0.3	3,863,530	100.0
	2014	3,809,228	99.7	3,252,254	85.1	11,110	0.3	3,820,338	100.0
	2016	3,578,176	99.7	3,048,390	84.9	11,157	0.3	3,589,333	100.0

資料：総務省「平成21年、26年経済センサス - 基礎調査」、

総務省・経済産業省「平成24年、28年経済センサス - 活動調査」再編加工

(注) 1. 数値は、2009年は2009年7月時点、2012年は2012年2月時点、2014年は2014年7月時点、2016年は2016
年6月時点のものである。

2. 会社以外の法人及び農林漁業は含まれていない。

3. 企業の規模区分については、中小企業基本法（昭和38年法律第154号）による（凡例参照）。

4. 3.の条件の区分では、2012年より中小企業基本法以外の中小企業関連法令において中小企業又は小規模企
業として扱われる企業の数が反映されている。

5. 小規模企業の構成比は全企業数に占める割合とする。

6. 産業分類は、2013年10月改訂のものに従っている。

出所：中小企業庁編『2023年版中小企業白書』1表、p. Ⅲ-12

A 論点2 経済センサス（従業者数）

ポイント

『2023年版中小企業白書』では前年版に引き続き2009年、2012年、2014年、2016年時点の数値が併記された図表が掲載された。従業員総数の変化と各産業における構成比の推移の両方を押さえておきたい。
また、常用雇用者数については、過去に選択肢の一つとして出題されたこともあるので、直近のデータおよび推移を押さえておきたい。

❶ 産業別規模別従業者総数

　非一次産業における企業ベース（会社及び個人の従業者総数）の従業者総数の合計は2016年において約4,680万人である。そのうち中小企業における従業者数は約3,220万人で約7割を占めている。2016年は2014年と比較して中小企業の従業者数が約140万人減少し、全体に占める中小企業の従業員数構成比も減少に転じた（2014年3,360万人：70.1％→2016年3,220万人：68.8％）。小規模企業については、2009年から2016年まで一貫して従業者数、構成比ともに減少している。

　2016年の産業別従業者数を見ると、企業ベースの合計では多い順に「製造業＞小売業＞宿泊業、飲食サービス業＞サービス業（他に分類されないもの）＞建設業」である。企業規模別に見ると、中小企業については多い順に「製造業＞小売業＞宿泊業、飲食サービス業＞建設業」で、小規規模企業については多い順に「建設業＞製造業＞小売業＞宿泊業、飲食サービス業」である。

　従業者総数の構成比を見ると、中小企業では高い順に①「医療、福祉」、②「建設業」であり、小規模企業では高い順に①「建設業」、②「不動産、物品賃貸業」である。

【 産業別規模別従業者総数（民営、非一次産業、2009年、2012年、2014年、2016年) 】

(1) 企業ベース（会社及び個人の従業者総数）

産業		年	中小企業		うち小規模企業		大企業		合計	
			従業者総数(人)	構成比(%)	従業者総数(人)	構成比(%)	従業者総数(人)	構成比(%)	従業者総数(人)	構成比(%)
鉱業, 採石業, 砂利採取業		2009	24,877	84.9	13,913	47.5	4,439	15.1	29,316	100.0
		2012	20,303	91.8	10,807	48.9	1,806	8.2	22,109	100.0
		2014	18,168	85.2	9,423	44.2	3,150	14.8	21,318	100.0
		2016	17,024	83.4	8,678	42.5	3,395	16.6	20,419	100.0
建設業		2009	3,799,618	89.7	2,631,336	62.1	435,943	10.3	4,235,561	100.0
		2012	3,398,423	89.1	2,338,163	61.3	416,141	10.9	3,814,564	100.0
		2014	3,390,493	89.2	2,237,415	58.8	412,522	10.8	3,803,015	100.0
		2016	3,244,169	88.6	2,107,520	57.5	419,285	11.4	3,663,454	100.0
製造業		2009	6,417,905	65.0	2,173,127	22.0	3,455,691	35.0	9,873,596	100.0
		2012	6,550,429	65.6	2,130,081	21.3	3,441,424	34.4	9,991,853	100.0
		2014	6,486,389	66.4	1,998,167	20.5	3,279,571	33.6	9,765,960	100.0
		2016	6,202,447	65.3	1,838,047	19.4	3,294,245	34.7	9,496,692	100.0
電気・ガス・熱供給・水道業		2009	34,528	16.9	4,456	2.2	169,571	83.1	204,099	100.0
		2012	29,502	14.9	3,432	1.7	167,968	85.1	197,470	100.0
		2014	34,590	17.3	4,608	2.3	165,874	82.7	200,464	100.0
		2016	38,689	20.3	4,615	2.4	152,146	79.7	190,835	100.0
情報通信業		2009	775,921	49.5	136,321	8.7	791,964	50.5	1,567,885	100.0
		2012	961,057	63.4	113,956	7.5	555,510	36.6	1,516,567	100.0
		2014	979,521	62.8	113,266	7.3	579,402	37.2	1,558,923	100.0
		2016	969,660	61.5	104,029	6.6	605,754	38.5	1,575,414	100.0
運輸業, 郵便業		2009	2,212,471	65.4	412,600	12.2	1,172,429	34.6	3,384,900	100.0
		2012	2,172,982	68.8	387,135	12.3	987,234	31.2	3,160,216	100.0
		2014	2,284,186	73.5	380,199	12.2	824,350	26.5	3,108,536	100.0
		2016	2,216,062	73.9	346,779	11.6	780,964	26.1	2,997,026	100.0
卸売業, 小売業	卸売業・小売業計	2009	7,542,984	66.9	2,535,888	22.5	3,725,309	33.1	11,268,293	100.0
		2012	6,911,424	66.1	2,191,498	21.0	3,540,778	33.9	10,452,202	100.0
		2014	7,303,086	66.5	2,008,511	18.3	3,675,997	33.5	10,979,083	100.0
		2016	6,952,779	65.0	1,824,332	17.0	3,747,437	35.0	10,700,216	100.0
	卸売業	2009	2,635,710	74.1	610,899	17.2	919,620	25.9	3,555,330	100.0
		2012	2,397,968	73.3	562,523	17.2	871,421	26.7	3,269,389	100.0
		2014	2,557,628	74.5	541,928	15.8	876,683	25.5	3,434,311	100.0
		2016	2,462,540	72.2	484,470	14.2	948,164	27.8	3,410,704	100.0
	小売業	2009	4,907,274	63.6	1,924,989	25.0	2,805,689	36.4	7,712,963	100.0
		2012	4,513,456	62.8	1,628,975	22.7	2,669,357	37.2	7,182,813	100.0
		2014	4,745,458	62.9	1,466,583	19.4	2,799,314	37.1	7,544,772	100.0
		2016	4,490,239	61.6	1,339,862	18.4	2,799,273	38.4	7,289,512	100.0
金融業, 保険業		2009	226,133	17.7	124,371	9.7	1,050,748	82.3	1,276,881	100.0
		2012	200,011	16.4	110,336	9.1	1,018,792	83.6	1,218,803	100.0
		2014	222,123	17.9	112,145	9.0	1,021,775	82.1	1,243,898	100.0
		2016	213,887	16.9	104,591	8.3	1,049,863	83.1	1,263,750	100.0
不動産業, 物品賃貸業		2009	1,251,811	84.8	865,029	58.6	224,145	15.2	1,475,956	100.0
		2012	1,162,155	84.4	789,931	57.4	214,345	15.6	1,376,500	100.0
		2014	1,209,578	84.0	772,029	53.6	230,379	16.0	1,439,957	100.0
		2016	1,164,919	82.2	718,118	50.7	252,789	17.8	1,417,708	100.0
学術研究, 専門・技術サービス業		2009	1,102,041	77.3	498,970	35.0	324,327	22.7	1,426,368	100.0
		2012	1,002,971	75.1	451,941	33.8	332,976	24.9	1,335,947	100.0
		2014	1,043,067	73.5	440,702	31.0	376,867	26.5	1,419,934	100.0
		2016	1,008,309	70.6	420,595	29.5	419,533	29.4	1,427,842	100.0
宿泊業, 飲食サービス業		2009	3,535,761	70.5	1,535,858	30.6	1,477,752	29.5	5,013,513	100.0
		2012	3,463,871	71.7	1,504,546	31.1	1,367,785	28.3	4,831,656	100.0
		2014	3,801,986	73.4	1,394,749	26.9	1,378,825	26.6	5,180,811	100.0
		2016	3,603,582	73.1	1,283,663	26.0	1,324,203	26.9	4,927,785	100.0
生活関連サービス業, 娯楽業		2009	1,912,306	81.0	805,865	34.1	448,511	19.0	2,360,817	100.0
		2012	1,836,429	81.1	833,626	36.8	429,362	18.9	2,265,791	100.0
		2014	1,923,886	82.2	800,893	34.2	415,270	17.8	2,339,156	100.0
		2016	1,772,497	80.3	747,774	33.9	435,788	19.7	2,208,285	100.0
教育, 学習支援業		2009	539,748	82.2	218,275	33.2	116,973	17.8	656,721	100.0
		2012	544,758	82.4	209,656	31.7	116,002	17.6	660,760	100.0
		2014	603,498	84.1	205,170	28.6	113,926	15.9	717,424	100.0
		2016	565,763	82.4	185,818	27.1	121,109	17.6	686,872	100.0
医療, 福祉		2009	1,328,302	91.5	486,466	33.5	123,192	8.5	1,451,494	100.0
		2012	1,425,122	88.4	470,131	29.2	186,185	11.6	1,611,307	100.0
		2014	1,687,240	89.9	471,474	25.1	190,517	10.1	1,877,757	100.0
		2016	1,666,393	88.7	447,866	23.8	212,071	11.3	1,878,464	100.0
複合サービス事業		2009	9,026	5.3	8,877	5.2	160,372	94.7	169,398	100.0
		2012	9,589	5.8	9,047	5.4	156,664	94.2	166,253	100.0
		2014	9,450	2.3	9,067	2.2	407,019	97.7	416,469	100.0
		2016	9,478	2.3	9,334	2.2	407,809	97.7	417,287	100.0
サービス業（他に分類されないもの）		2009	2,431,097	66.8	365,946	10.1	1,207,481	33.2	3,638,578	100.0
		2012	2,478,458	70.5	368,994	10.5	1,038,487	29.5	3,516,945	100.0
		2014	2,612,549	67.6	310,748	8.0	1,250,208	32.4	3,862,757	100.0
		2016	2,555,374	65.2	285,512	7.3	1,362,572	34.8	3,917,946	100.0
非1次産業計		2009	33,144,529	69.0	12,817,298	26.7	14,888,847	31.0	48,033,376	100.0
		2012	32,167,484	69.7	11,923,280	25.8	13,971,459	30.3	46,138,943	100.0
		2014	33,609,810	70.1	11,268,566	23.5	14,325,652	29.9	47,935,462	100.0
		2016	32,201,032	68.8	10,437,271	22.3	14,588,963	31.2	46,789,995	100.0

資料：総務省「平成21年、26年経済センサス‐基礎調査」、

　　　総務省・経済産業省「平成24年、28年経済センサス‐活動調査」再編加工

（注）1. 数値は、2009年は2009年7月時点、2012年は2012年2月時点、2014年は2014年7月時点、2016年は2016年6月時点のものである。

　　　2. 会社以外の法人及び農林漁業は含まれていない。

　　　3. 企業の規模区分については、中小企業基本法（昭和38年法律第154号）による（凡例参照）。

　　　4. 3. の条件の区分では、2012年より中小企業基本法以外の中小企業関連法令において中小企業又は小規模企業として扱われる企業の数が反映されている。

　　　5. 小規模企業の構成比は全企業数に占める割合とする。

　　　6. 産業分類は、2013年10月改訂のものに従っている。

出所：中小企業庁編『2023年版中小企業白書』2表、p. Ⅲ-16

❷ 産業別規模別常用雇用者数

　2016年の非一次産業の常用雇用者数を見ると、企業ベース（会社及び個人の常用雇用者数）では合計4,023万人、中小企業は約2,584万人（64.2％）で、小規模企業は約550万人（13.7％）である。

　常用雇用者数について、中小企業では多い順に「製造業＞小売業＞宿泊業、飲食サービス業＞建設業」で、小規模企業では多い順に「建設業＞製造業＞宿泊業、飲食サービス業＞小売業」であり、産業と企業規模により異なる。

過去問	令和4年度　第1問　企業規模別の従業者数と付加価値額
	令和3年度　第2問　業種別・企業規模別の企業数と従業者数
	令和2年度　第1問　従業者総数（会社及び個人の従業者総数、2016年、非一次産業）全体に占める中小企業の割合

A **論点3** 経済センサス（売上高、付加価値額）

ポイント

売上高、付加価値額について、中小企業および小規模企業の示す傾向と併せて、特に過去に問われている製造業、卸売業、小売業に関する傾向については押さえておきたい。

1 産業別規模別売上高

　まず規模別の売上高を見ると、2011年、2013年、2015年とも大企業が全体の約56％と過半数を占める。中小企業は約44％であり、そのうち小規模企業が約10％を占める。

　次に中小企業について産業別に見ると、金額ベースでは2011年、2013年、2015年とも「卸売業」が最も多く、「製造業」「建設業」「小売業」が続く。これらの4つの業種の合計は中小企業による売上高の約7割を占めている。2011年から2015年にかけて、ほぼすべての業種で売上高が増加している。なお、金額ベースではなく、同一産業内で中小企業の割合が特に高い業種としては「医療、福祉」と「建設業」が挙げられる。

2 産業別規模別付加価値額

　まず規模別の付加価値額を見ると、2015年においては中小企業が全体の52.9％と過半数を占めており、そのうち小規模企業が14.0％を占めている。大企業は47.1％であり、中小企業のほうが付加価値率は高いことがわかる。なかでも小規模企業は売上高では9.5％を占めているのに対し、付加価値額は14.0％と付加価値率が比較的高いことがわかる。

　次に中小企業について産業別に見ると、金額ベースでは「製造業」が最も多く、「卸売業」「小売業」が続いている。売上高と合わせて見ると、製造業のほうが付加価値率は高いことがわかる。なお、金額ベースではなく、同一産業内で中小企業の割合が特に高い業種としては「医療、福祉」「建設業」「鉱業、採石業、砂利採取業」が挙げられる。

【 産業別規模別売上高（民営、非一次産業、2011年、2013年、2015年）】

(1) 企業ベース（会社及び個人の売上高）

産業		年	中小企業		うち小規模企業		大企業		合計	
			売上高（億円）	構成比（％）	売上高（億円）	構成比（％）	売上高（億円）	構成比（％）	売上高（億円）	構成比（％）
鉱業, 採石業, 砂利採取業		2011	4,787	68.6	1,824	26.1	2,191	31.4	6,978	100.0
		2013	14,343	67.4	10,626	49.9	6,951	32.6	21,294	100.0
		2015	14,262	70.1	9,819	48.2	6,088	29.9	20,351	100.0
建設業		2011	581,465	69.9	299,745	36.0	250,945	30.1	832,410	100.0
		2013	616,064	70.2	316,188	36.0	261,185	29.8	877,248	100.0
		2015	754,237	69.7	360,908	33.3	328,508	30.3	1,082,745	100.0
製造業		2011	1,315,374	38.4	242,706	7.1	2,107,642	61.6	3,423,016	100.0
		2013	1,250,933	36.1	222,207	6.4	2,217,637	63.9	3,468,569	100.0
		2015	1,494,508	37.8	242,408	6.1	2,457,023	62.2	3,951,531	100.0
電気・ガス・熱供給・水道業		2011	20,251	9.3	4,791	2.2	197,698	90.7	217,948	100.0
		2013	22,890	8.9	3,180	1.2	234,069	91.1	256,959	100.0
		2015	26,326	10.1	4,902	1.9	235,021	89.9	261,347	100.0
情報通信業		2011	150,577	32.3	13,860	3.0	316,241	67.7	466,818	100.0
		2013	145,751	31.0	13,940	3.0	324,034	69.0	469,785	100.0
		2015	191,388	32.5	15,428	2.6	397,637	67.5	589,025	100.0
運輸業, 郵便業		2011	253,814	48.7	42,601	8.2	267,109	51.3	520,923	100.0
		2013	264,291	50.0	43,537	8.2	264,695	50.0	528,986	100.0
		2015	320,362	52.2	47,707	7.8	292,781	47.8	613,143	100.0
卸売業, 小売業	卸売業・小売業計	2011	1,871,059	46.7	327,303	8.2	2,134,937	53.3	4,005,996	100.0
		2013	1,933,274	47.2	311,176	7.6	2,162,344	52.8	4,095,618	100.0
		2015	2,261,548	46.8	335,762	7.0	2,566,788	53.2	4,828,336	100.0
	卸売業	2011	1,280,702	46.5	184,253	6.7	1,472,590	53.5	2,753,292	100.0
		2013	1,319,071	47.4	176,016	6.3	1,462,618	52.6	2,781,689	100.0
		2015	1,556,623	46.9	195,684	5.9	1,760,902	53.1	3,317,525	100.0
	小売業	2011	590,357	47.1	143,050	11.4	662,347	52.9	1,252,704	100.0
		2013	614,203	46.7	135,160	10.3	699,726	53.3	1,313,929	100.0
		2015	704,925	46.7	140,078	9.3	805,886	53.3	1,510,810	100.0
金融業, 保険業		2011	78,537	9.4	14,816	1.8	758,282	90.6	836,819	100.0
		2013	86,007	10.8	29,330	3.7	712,060	89.2	798,067	100.0
		2015	80,530	8.7	36,669	4.0	846,109	91.3	926,639	100.0
不動産業, 物品賃貸業		2011	192,510	57.1	92,714	27.5	144,468	42.9	336,977	100.0
		2013	187,946	55.2	92,442	27.2	152,486	44.8	340,432	100.0
		2015	243,736	55.4	106,545	24.2	196,178	44.6	439,915	100.0
学術研究, 専門・技術サービス業		2011	120,403	46.3	34,165	13.1	139,612	53.7	260,014	100.0
		2013	116,660	44.4	36,841	14.0	146,066	55.6	262,726	100.0
		2015	159,533	42.0	49,192	13.0	220,228	58.0	379,761	100.0
宿泊業, 飲食サービス業		2011	126,942	64.6	41,478	21.1	69,685	35.4	196,628	100.0
		2013	134,661	65.9	42,051	20.6	69,766	34.1	204,427	100.0
		2015	164,551	65.3	44,324	17.6	87,334	34.7	251,885	100.0
生活関連サービス業, 娯楽業		2011	231,390	67.1	47,863	13.9	113,482	32.9	344,872	100.0
		2013	215,101	63.7	45,199	13.4	122,316	36.3	337,417	100.0
		2015	273,656	64.8	49,102	11.6	148,962	35.2	422,618	100.0
教育, 学習支援業		2011	17,971	66.5	3,771	14.0	9,052	33.5	27,024	100.0
		2013	18,372	67.0	3,748	13.7	9,043	33.0	27,415	100.0
		2015	22,146	68.9	3,918	12.2	10,009	31.1	32,155	100.0
医療, 福祉		2011	72,364	85.0	24,182	28.4	12,729	15.0	85,093	100.0
		2013	77,996	88.1	25,324	28.6	10,572	11.9	88,568	100.0
		2015	90,482	86.1	26,607	25.3	14,575	13.9	105,057	100.0
複合サービス事業		2011	425	3.4	259	2.1	12,084	96.6	12,510	100.0
		2013	313	1.1	202	0.7	27,740	98.9	28,053	100.0
		2015	301	1.0	192	0.6	30,875	99.0	31,177	100.0
サービス業（他に分類されないもの）		2011	150,271	60.3	24,763	9.9	99,051	39.7	249,321	100.0
		2013	149,297	58.8	22,560	8.9	104,496	41.2	253,793	100.0
		2015	192,565	56.5	25,602	7.5	147,967	43.5	340,533	100.0
非1次産業計		2011	5,188,141	43.9	1,216,840	10.3	6,635,207	56.1	11,823,348	100.0
		2013	5,233,899	43.4	1,218,549	10.1	6,825,458	56.6	12,059,357	100.0
		2015	6,290,133	44.1	1,359,085	9.5	7,986,085	55.9	14,276,218	100.0

資料：総務省「平成26年経済センサス - 基礎調査」、

　　　総務省・経済産業省「平成24年、28年経済センサス - 活動調査」再編加工

(注) 1. 数値は、それぞれ2011年間、2013年間、2015年間のものである。

　　2. 会社以外の法人及び農林漁業は含まれていない。

　　3. 企業の規模区分については、中小企業基本法（昭和38年法律第154号）による（凡例参照）。

　　4. 3. の条件の区分では、中小企業基本法以外の中小企業関連法令において中小企業又は小規模企業として扱

われる企業の数が反映されている。

5. 小規模企業の構成比は全企業数に占める割合とする。

6. 産業分類は、2013年10月改訂のものに従っている。

出所：中小企業庁編『2023年版中小企業白書』4表、p.Ⅲ-24

【 産業別規模別付加価値額（民営、非一次産業、2011年、2015年）】

(1) 企業ベース（会社及び個人の付加価値額）

産業			中小企業		うち小規模企業		大企業		合計	
			付加価値額 （億円）	構成比 （%）	付加価値額 （億円）	構成比 （%）	付加価値額 （億円）	構成比 （%）	付加価値額 （億円）	構成比 （%）
鉱業, 採石業, 砂利採取業		2011	1,135	81.8	427	30.8	253	18.2	1,388	100.0
		2015	4,913	74.3	3,603	54.5	1,701	25.7	6,614	100.0
建設業		2011	121,735	78.2	72,574	46.6	33,966	21.8	155,700	100.0
		2015	155,450	74.8	85,622	41.2	52,477	25.2	207,927	100.0
製造業		2011	284,459	50.5	69,971	12.4	278,466	49.5	562,925	100.0
		2015	325,894	47.5	71,583	10.4	359,736	52.5	685,630	100.0
電気・ガス・熱供給・水道業		2011	2,838	10.2	767	2.7	25,105	89.8	27,943	100.0
		2015	4,193	10.5	933	2.3	35,827	89.5	40,020	100.0
情報通信業		2011	49,938	39.5	4,181	3.3	76,615	60.5	126,553	100.0
		2015	61,640	39.1	4,504	2.9	95,821	60.9	157,461	100.0
運輸業, 郵便業		2011	76,160	54.6	12,769	9.2	63,302	45.4	139,462	100.0
		2015	95,859	60.2	14,409	9.0	63,412	39.8	159,272	100.0
卸売業, 小売業	卸売業・小売業計	2011	263,533	60.1	61,689	14.1	175,187	39.9	438,719	100.0
		2015	301,618	57.0	56,446	10.7	227,370	43.0	528,987	100.0
	卸売業	2011	140,426	63.6	26,161	11.8	80,503	36.4	220,929	100.0
		2015	157,569	59.9	23,033	8.8	105,375	40.1	262,944	100.0
	小売業	2011	123,107	56.5	35,528	16.3	94,684	43.5	217,790	100.0
		2015	144,049	54.1	33,413	12.6	121,995	45.9	266,043	100.0
金融業, 保険業		2011	15,619	10.6	6,802	4.6	131,561	89.4	147,180	100.0
		2015	17,501	11.4	5,776	3.8	135,458	88.6	152,959	100.0
不動産業, 物品賃貸業		2011	56,901	70.1	32,910	40.5	24,306	29.9	81,207	100.0
		2015	62,452	68.2	33,685	36.8	29,096	31.8	91,548	100.0
学術研究, 専門・技術サービス業		2011	51,632	54.5	16,650	17.6	43,139	45.5	94,771	100.0
		2015	70,939	51.2	24,250	17.5	67,597	48.8	138,536	100.0
宿泊業, 飲食サービス業		2011	49,877	68.4	16,643	22.8	22,997	31.6	72,874	100.0
		2015	66,260	69.5	18,022	18.9	29,121	30.5	95,381	100.0
生活関連サービス業, 娯楽業		2011	46,602	74.9	13,704	22.0	15,620	25.1	62,222	100.0
		2015	49,903	66.8	13,843	18.5	24,795	33.2	74,698	100.0
教育, 学習支援業		2011	8,393	67.7	1,667	13.4	4,004	32.3	12,397	100.0
		2015	9,958	70.1	1,600	11.3	4,239	29.9	14,197	100.0
医療, 福祉		2011	39,846	87.2	12,890	28.2	5,868	12.8	45,714	100.0
		2015	49,167	90.5	13,938	25.6	5,175	9.5	54,343	100.0
複合サービス事業		2011	136	2.0	120	1.8	6,685	98.0	6,821	100.0
		2015	75	0.4	71	0.4	19,314	99.6	19,389	100.0
サービス業（他に分類されないもの）		2011	63,160	63.6	9,686	9.8	36,166	36.4	99,325	100.0
		2015	75,284	58.1	9,158	7.1	54,196	41.9	129,480	100.0
非1次産業計		2011	1,131,964	54.5	333,449	16.1	943,240	45.5	2,075,204	100.0
		2015	1,351,106	52.9	357,443	14.0	1,205,336	47.1	2,556,442	100.0

資料：総務省・経済産業省「平成24年、28年経済センサス‐活動調査」再編加工

(注)1. 数値は、2011年間、2015年間のものである。

2. 会社以外の法人及び農林漁業は含まれていない。

3. 企業の規模区分については、中小企業基本法（昭和38年法律第154号）による（凡例参照）。

4. 3. の条件の区分では、中小企業基本法以外の中小企業関連法令において中小企業又は小規模企業として扱

われる企業の数が反映されている。

5. 小規模企業の構成比は全企業数に占める割合とする。

6. 産業分類は、2013年10月改訂のものに従っている。

出所：中小企業庁編『2023年版中小企業白書』5表、p. Ⅲ-28

論点4　経済センサス（都道府県別データ）

ポイント

都道府県別規模別に見た「企業数」「従業者総数」「常用雇用者数」は、全体の平均値と異なる傾向を示す東京都、大阪府、愛知県について押さえておきたい。

1 都道府県別規模別企業数

　規模別の企業数を見ると、中小企業（非一次産業）の構成比について、2016年の全体平均（99.7％）に対し、東京都のみ平均より低い（98.9％）。

2 都道府県別規模別従業者総数

　規模別の従業者総数を見ると、中小企業（非一次産業）における従業者総数の構成比は、2016年の全体平均68.8％に対し、東京都（41.3％）と大阪府（66.9％）で平均値を下回り、愛知県（70.8％）は全体平均以上ではあるものの、東京、大阪に続く低い水準である。

3 都道府県別規模別常用雇用者数

　規模別の常用雇用者数を見ると、中小企業（非一次産業）における常用雇用者数の構成比は、2016年の全体平均64.2％に対し、東京都（37.9％）と大阪府（62.8％）で平均値を下回る。なお、愛知県（66.5％）は全体平均以上ではあるものの、東京、大阪に続く低い水準である。

過去問　過去5年間での出題はない。

論点5 経済センサス、雇用保険事業年報（開廃業率）

ポイント

> 業種別の開廃業率は細かな数値は覚えなくてよいが、順番および非一次産業全体の平均値と比較した位置づけは押さえておきたい。
> また、開廃業率の数値は、根拠資料別に2種類掲載されているが、近年は雇用保険事業年報を根拠資料とする「有雇用事業所数による開廃業率の推移」から出題される傾向にある。

◼ 開業率・廃業率の推移（非一次産業）

① 非一次産業全体について

　開業率・廃業率は「事業所ベース」と「企業（個人企業＋会社企業）ベース」のものが掲載されているが、全体については、②業種別の開廃業率と合わせて事業所ベースで確認すると、1980年代までは開業率が廃業率を上回っていたが、1990年代に入って逆転し、廃業率が開業率を上回る状況が続いている。直近の2014～2016年では開業率5.0％、廃業率7.6％となっており、廃業率が7％台と高くなっている。

　企業ベースで見ると、直近の2014～2016年の開業率・廃業率とも事業所ベースより低い（開業率：3.6％、廃業率：7.1％）。さらに、企業ベースの内訳を会社企業（会社に所属する事業所）と個人企業（個人に所属する企業）で見ると、開業率は個人企業のほうが高い3.9％であり、廃業率は個人企業と会社企業が同じ7.1％である。企業数は2014～2016年において会社企業と個人企業ともに減少している。

② 業種別の開廃業率（事業所ベース、年平均）

　2014～2016年の開業率が高い順に「小売業＞サービス業＞卸売業＞製造業」、廃業率が高い順に「小売業＞卸売業＞サービス業＞製造業」である。すべての業種で廃業率が開業率を上回っており、製造業が開業率（2.4％）と廃業率（6.2％）の乖離が最も大きい。

　なお、非一次産業全体の平均値は開業率5.0％、廃業率7.6％である。開業率については「小売業」が、廃業率についても「小売業」が、それぞれの平均値

を上回っている。

【 業種別の開廃業率の推移（事業所ベース、年平均）】

(単位：%)

年		66〜69	69〜72	72〜75	75〜79	78〜81	81〜86	86〜89	89〜91	91〜94	94〜96	96〜99	99〜01	01〜04	04〜06	06〜09	09〜12	12〜14	14〜16
非一次産業全体	開業率	6.5	7.0	6.1	6.2	6.1	4.7	4.2	4.1	4.6	3.7	4.1	6.7	4.2	6.4	2.6	1.9	6.5	5.0
	廃業率	3.2	3.8	4.1	3.4	3.8	4.0	3.6	4.7	4.7	3.8	5.9	7.2	6.4	6.5	6.4	6.3	6.6	7.6
製造業	開業率	6.0	5.6	4.3	3.4	3.7	3.1	3.1	2.8	3.1	1.5	1.9	3.9	2.2	3.4	1.2	0.7	3.4	2.4
	廃業率	2.5	3.2	3.4	2.3	2.5	3.1	2.9	4.0	4.5	4.0	5.3	6.6	5.7	5.4	5.8	5.7	5.5	6.2
卸売業	開業率	6.5	8.1	8.0	6.8	6.4	5.1	4.8	3.2	5.0	3.3	4.9	6.6	3.9	5.6	2.1	1.3	6.2	4.4
	廃業率	6.5	3.8	5.3	3.7	3.8	3.7	4.1	3.2	5.0	5.3	7.4	7.5	7.0	6.4	6.6	5.9	6.8	7.1
小売業	開業率	5.0	4.9	4.3	4.8	4.4	3.4	3.1	2.8	3.9	3.6	4.3	6.1	3.9	5.7	2.3	2.2	6.4	5.5
	廃業率	2.1	3.3	3.6	3.2	4.0	4.0	3.4	4.2	3.6	4.4	6.8	7.2	6.7	6.8	7.1	6.6	7.7	8.3
サービス業	開業率	6.3	6.7	6.1	6.1	6.4	5.3	4.9	4.7	5.0	3.8	4.2	7.3	4.4	6.4	2.3	1.7	6.5	4.5
	廃業率	3.8	4.0	3.8	3.3	3.1	3.2	3.6	2.9	4.2	2.8	4.8	6.3	5.5	5.9	4.9	5.9	5.4	6.8

資料：総務省「事業所・企業統計調査」、総務省「平成21年、26年経済センサス - 基礎調査」、
　　　総務省・経済産業省「平成24年、28年経済センサス - 活動調査」

(注)1. 事業所を対象としており、支所や工場の開設・閉鎖、移転による開設・閉鎖を含む。
　　2. 06年までは「事業所・企業統計調査」、09年以降は「経済センサス - 基礎調査」、「経済センサス - 活動調査」に基づく。ただし、「事業所・企業統計調査」は、91年までは「事業所統計調査」、89年は「事業所名簿整備」、94年は「事業所名簿整備調査」として行われた。
　　3. 開業率、廃業率の計算方法については、10表を参照。
　　4. 開業事業所の定義が異なるため、06〜09年の数値は、過去の数値と単純に比較できない。また06〜09年の数値については、開業事業所と廃業事業所の定義の違いにより、開業率と廃業率を単純に比較できない。
　　5. 01〜04年、04〜06年、06〜09、09〜12年、12〜14年、14〜16年の「サービス業」は「サービス業（他に分類されないもの）」である。
　　6. 01〜04年、04〜06年年平均開廃業率は2002年3月改訂の日本標準産業分類に基づいて算出した。また06〜09年、09〜12年の年平均開廃業率は2007年11月改訂の日本標準産業分類に、12〜14年、14〜16年の年平均開廃業率は2013年10月改訂の日本標準産業分類に基づいて算出した。

出所：中小企業庁編『2023年版中小企業白書』11表、p. Ⅲ -48

【 開業率、廃業率（2014〜2016年の業種別・全体平均値のみ抜粋）】

(単位：%)

業種	開業率
小売業	5.5
サービス業	4.5
卸売業	4.4
製造業	2.4

非一次産業全体
5.0%

非一次産業全体
7.6%

(単位：%)

業種	廃業率
小売業	8.3
卸売業	7.1
サービス業	6.8
製造業	6.2

出所：中小企業庁編『2023年版中小企業白書』11表、p. Ⅲ -48をもとに作成

❷ 有雇用事業所数による開廃業率の推移

　開業率は、1988年をピークとして減少傾向に転じた後、2000年代を通じて緩やかな上昇傾向で推移している。2017年度以降は減少傾向にあり、直近の2021年度は4.4%となっている。一方で、廃業率は1996年以降増加傾向で推移していたが、2010年度に減少傾向に転じ、直近の2021年度は3.1%となっている。

【 有雇用事業所数による開廃業率の推移 】

(単位：%)

年度	81	82	83	84	85	86	87	88	89	90
開業率	7.2	6.4	6.1	5.9	5.8	6.0	6.8	7.4	6.7	6.3
廃業率	3.7	5.8	4.3	4.2	4.2	4.1	3.7	3.4	3.2	3.0

91	92	93	94	95	96	97	98	99	00
5.8	5.1	4.6	4.8	4.6	4.7	4.2	3.9	4.4	4.9
3.3	3.3	3.4	3.4	3.6	2.5	2.8	3.1	4.0	4.0

01	02	03	04	05	06	07	08	09	10
4.4	4.1	4.0	4.1	4.4	4.8	5.0	4.2	4.7	4.5
4.4	4.6	4.8	4.5	4.4	4.3	4.4	4.5	4.7	4.1

11	12	13	14	15	16	17	18	19	20
4.5	4.6	4.8	4.9	5.2	5.6	5.6	4.4	4.2	5.1
3.9	3.8	4.0	3.7	3.8	3.5	3.5	3.5	3.4	3.3

21
4.4
3.1

資料：厚生労働省「雇用保険事業年報」のデータを基に中小企業庁が算出

(注)1. 開業率＝当該年度に雇用関係が新規に成立した事業所数／前年度末の適用事業所数×100

　　 2. 廃業率＝当該年度に雇用関係が消滅した事業所数／前年度末の適用事業所数×100

　　 3. 適用事業所とは、雇用保険に係る労働保険の保険関係が成立している事業所である（雇用保険法第5条）。

出所：中小企業庁編『2023年版中小企業白書』12表、p.Ⅲ-49

過去問	令和4年度　第6問　雇用保険事業年報に基づく2000年度から2019年度の開業率と廃業率の推移
	令和2年度　第6問（設問1）　雇用保険事業年報に基づく1981年度から2017年度の開業率と廃業率の推移

B 論点6 金融経済統計月報(中小企業向け貸出残高)

『2023年版中小企業白書』では、2018年版で初掲載された統計資料である「中小企業向け貸出残高」について最新値が掲載された。「総貸出残高」「民間金融機関合計」「政府系金融機関等合計」を優先して押さえておきたい。また、令和3年度の試験では金融機関別中小企業向け貸出残高の推移に関する問題が出題されているので、本論点で挙げた点だけでも押さえておきたい。

1 中小企業向け貸出残高

① 中小企業向け総貸出残高

2017年3月に約272兆円であった中小企業向け総貸出残高は、増加傾向であり、2022年12月では約336兆円となった。

② 民間金融機関と政府系金融機関等による貸出残高の比較

2017年3月から2022年12月にかけて、民間金融機関による貸出額は約251兆円から約306兆円へと増加しており、政府系金融機関等による貸出額も約21兆円から約30兆円へと増加している。

【 金融機関別中小企業向け貸出残高 】

(単位:兆円)

年 金融機関　月	2017				2018				2019			
	3	6	9	12	3	6	9	12	3	6	9	12
国内銀行銀行勘定合計	196.3	195.0	198.6	201.0	204.5	203.4	204.9	207.1	209.3	208.3	209.7	212.1
国内銀行信託勘定他	1.7	1.6	1.6	1.6	1.6	1.7	1.7	1.7	1.9	1.9	1.9	2.0
信用金庫	43.9	43.7	44.8	45.3	45.2	45.0	45.7	46.1	46.2	45.7	46.3	46.8
信用組合	10.6	10.6	10.8	11.0	11.1	11.1	11.3	11.4	11.5	11.5	11.6	11.7
民間金融機関合計	250.9	249.4	254.2	257.2	260.8	259.5	262.0	264.7	267.0	265.5	267.6	270.5
民間金融機関合計(信託勘定他を除く)	249.2	247.7	252.6	255.6	259.2	257.8	260.3	263.0	265.1	263.6	265.7	268.5
(株)商工組合中央金庫	9.3	9.0	8.9	8.8	8.6	8.5	8.4	8.4	8.2	8.2	8.1	8.3
(株)日本政策金融公庫(中小企業事業)	5.7	5.7	5.6	5.6	5.5	5.5	5.4	5.4	5.3	5.3	5.2	5.2
(株)日本政策金融公庫(国民生活事業)	6.1	6.2	6.2	6.2	6.2	6.2	6.2	6.3	6.2	6.2	6.1	6.2
政府系金融機関等合計	21.1	20.9	20.7	20.7	20.3	20.2	20.0	20.0	19.8	19.7	19.5	19.7
中小企業向け総貸出残高	272.0	270.2	274.9	277.9	281.2	279.7	282.0	284.7	286.8	285.2	287.2	290.3
中小企業向け総貸出残高(信託勘定他を除く)	270.3	268.6	273.4	276.3	279.5	278.0	280.3	283.0	284.9	283.3	285.3	288.3

年 金融機関　月	2020				2021				2022			
	3	6	9	12	3	6	9	12	3	6	9	12
国内銀行銀行勘定合計	214.0	219.9	222.5	224.1	226.8	224.4	224.6	227.4	231.2	231.1	234.5	238.9
国内銀行信託勘定他	2.0	2.0	1.9	1.9	2.1	2.1	2.4	2.4	2.4	2.5	2.7	2.9
信用金庫	46.8	49.4	51.7	52.6	52.8	52.8	53.1	53.3	53.2	52.9	53.6	54.1
信用組合	11.9	12.1	12.4	12.5	12.6	12.7	12.8	12.9	13.0	13.0	13.2	13.4
民間金融機関合計	272.8	281.4	286.6	289.1	292.2	289.9	290.5	293.6	297.4	297.0	301.3	306.3
民間金融機関合計(信託勘定他を除く)	270.8	279.4	284.7	287.2	290.2	287.8	288.1	291.1	294.9	294.5	298.6	303.4
(株)商工組合中央金庫	8.2	9.1	9.5	9.6	9.5	9.4	9.5	9.6	9.6	9.6	8.5	9.7
(株)日本政策金融公庫(中小企業事業)	5.2	7.0	7.9	8.2	8.2	8.4	8.4	8.5	8.4	8.5	8.4	8.4
(株)日本政策金融公庫(国民生活事業)	6.2	10.0	11.5	11.8	11.9	12.0	11.9	11.9	11.7	11.7	11.5	11.4
政府系金融機関等合計	19.7	26.2	28.9	29.5	29.6	29.8	29.8	30.0	29.7	29.7	29.6	29.6
中小企業向け総貸出残高	292.4	307.6	315.6	318.7	321.8	319.7	320.3	323.5	327.1	326.7	330.9	335.9
中小企業向け総貸出残高(信託勘定他を除く)	290.4	305.6	313.6	316.7	319.7	317.6	317.9	321.1	324.7	324.2	328.2	333.0

資料:日本銀行「金融経済統計月報」他より中小企業庁調べ

(注) 1. 国内銀行勘定、国内銀行信託勘定他における中小企業向け貸出残高とは、資本金3億円(卸売業は1億円、小売業、飲食店、サービス業は5,000万円)以下、又は常用従業員300人(卸売業、サービス業は100人、小売業、飲食店は50人)以下の企業(法人及び個人企業)への貸出をいう。

2. 信用金庫における中小企業向け貸出残高とは、個人、地方公共団体、海外円借款、国内店名義現地貸を除く貸出残高。

3. 信用組合における中小企業向け貸出残高とは、個人、地方公共団体などを含む総貸出残高。

4. 各年の信用組合及び政府系金融機関のデータは翌年3月時点での資料による。数字は遡及して改定される可能性がある。

5. 国内銀行勘定合計、国内銀行信託勘定、信用金庫のデータは2023年3月時点での資料による。数字は遡及して改定される可能性がある。

出所:中小企業庁編『2023年版中小企業白書』14表、p.Ⅲ-51

過去問

令和3年度　第9問　金融機関別中小企業向け貸出残高の推移
令和元年度　第11問　金融機関別中小企業向け貸出残高の推移

Ⓐ 論点7　中小企業実態基本調査

『2023年版中小企業白書』では2022年版と同様に「中小企業の経営指標」の最新値が掲載された。業種ごとの経営指標が掲載されているので、製造業、小売業、宿泊業・飲食サービス業を中心に「収益性」「安全性」「効率性」の切り口で特徴を押さえておきたい。

1 中小企業の経営指標（2021年度）

	財務指標	特徴
収益性	自己資本当期純利益率（ROE）	「情報通信業」が最も高い。 サービス業（他に分類されないもの）＞建設業＞製造業
	売上高経常利益率	「学術研究、専門・技術サービス業」が最も高い。 不動産業、物品賃貸業＞情報通信業＞サービス業（他に分類されないもの）
安全性	自己資本比率	「情報通信業」が最も高い。 学術研究、専門・技術サービス業＞製造業＞建設業
効率性	財務レバレッジ	「宿泊業、飲食サービス業」が最も高い。 運輸業、郵便業＞不動産業、物品賃貸業＞サービス業（他に分類されないもの）
	付加価値比率	「宿泊業、飲食サービス業」が最も高い。 サービス業（他に分類されないもの）＞学術研究、専門・技術サービス業＞情報通信業

出所：中小企業庁編『2023年版中小企業白書』15表、p. Ⅲ-52を参考に作成

過去問	
	令和5年度　第3問　業種別の売上高経常利益率と自己資本比率の比較
	令和3年度　第18問　業種別の売上高経常利益率と自己資本比率の比較
	令和元年度　第5問　業種別の付加価値比率の比較

【 中小企業（法人企業）の経営指標（2021年度）】

産業	財務項目					
	自己資本当期純利益率（ROE）	売上高経常利益率	総資本回転率	自己資本比率	財務レバレッジ	付加価値比率
全業種	8.29	4.26	0.98	40.13	2.49	26.93
建設業	11.59	5.12	1.04	43.05	2.32	26.97
製造業	10.70	5.10	0.96	44.30	2.26	31.45
情報通信業	13.70	7.76	1.04	56.98	1.76	45.79
運輸業, 郵便業	6.78	2.31	1.07	33.88	2.95	44.60
卸売業	10.49	2.59	1.62	39.62	2.52	11.37
小売業	8.52	2.21	1.67	36.64	2.73	20.10
不動産業, 物品賃貸業	―	9.18	0.33	35.18	2.84	39.97
学術研究, 専門・技術サービス業	9.80	12.27	0.45	53.77	1.86	50.20
宿泊業, 飲食サービス業	10.00	1.84	0.79	13.93	7.18	55.40
生活関連サービス業, 娯楽業	3.53	1.63	0.90	37.73	2.65	29.28
サービス業（他に分類されないもの）	11.75	5.21	0.82	35.88	2.79	54.72

資料：中小企業庁「令和4年中小企業実態基本調査（令和3年度決算実績）」

(注) 1. それぞれの財務項目の定義は下記のとおり。

①自己資本当期純利益率（ROE）＝（当期純利益÷純資産）×100

②売上高経常利益率＝（経常利益÷売上高）×100

③総資本回転率＝売上高÷総資本（総資産）

④自己資本比率＝（純資産÷総資本（総資産））×100

⑤財務レバレッジ＝総資本（総資産）÷純資産

⑥付加価値比率＝（付加価値額÷売上高）×100

※付加価値額＝労務費＋売上原価の動産・不動産賃借料＋売上原価の減価償却費＋人件費＋販売費及び一般管理費の動産・不動産賃借料＋販売費及び一般管理費の減価償却費＋租税公課＋支払利息・割引料＋経常利益＋能力開発費（従業員教育費）

2. 本調査結果は、日本標準産業分類（大分類）のうち、建設業、製造業、情報通信業、運輸業, 郵便業（一部業種を除く）、卸売業、小売業、不動産業, 物品賃貸業、学術研究, 専門・技術サービス業（一部業種を除く）、宿泊業, 飲食サービス業、生活関連サービス業, 娯楽業、サービス業（他に分類されないもの）（一部業種を除く）に属する企業（個人企業を含む。）に対して実施した調査を基に、推計した結果である。

3. 算出に使用する費目が負値などの場合には「―」と表示している。

出所：中小企業庁編『2023年版中小企業白書』15表, p. Ⅲ-52

論点8 中小企業・小規模事業者の動向

ポイント

ここでは、我が国経済の動向について概観するとともに、中小企業・小規模事業者の動向および中小企業・小規模事業者を取り巻く経営環境について見ていく。各指標に関する業種別や企業規模別のデータ、推移を押さえておきたい。

1 我が国経済の現状

　我が国経済の動向について概観する。2022年は、新型コロナウイルス感染症（以下、「感染症」という。）による厳しい状況が徐々に緩和され、緩やかに持ち直してきた。実質GDP成長率の推移を確認すると、2022年は前年比1.0%増となった。

　2022年を通じた動きを見ると、感染症の流行等により第1四半期はマイナス成長となったが、経済活動の再開等を背景に、第2四半期はプラス成長に転じた。第3四半期は輸入の急増によりマイナス成長となったが内需は堅調であり、足下の2022年第4四半期は前期比0%となった。

2 中小企業・小規模事業者の現状

① 業況

　中小企業の業況について、中小企業庁・（独）中小企業基盤整備機構「中小企業景況調査」（以下、「景況調査」という。）の業況判断DIの推移を確認すると、中小企業の業況は、リーマン・ショック後に大きく落ち込み、その後は東日本大震災や2014年4月の消費税率引上げの影響によりところどころで落ち込みはあるものの、総じて緩やかな回復基調で推移してきた。2020年には感染症流行による経済社会活動の停滞により、業況判断DIは急速に低下し、第2四半期にリーマン・ショック時を超える大幅な低下となったが、その後は回復傾向が見られた。2021年は上昇と低下を繰り返していたが、2022年第2四半期で大きく上昇し、感染症流行前の水準に戻った。その後は、中期的には回復基調にあるものの、原材料の高騰や人手不足等が直近期の押し下げ要因となり、2期連続で低下した。

② 業績

　業種別に2019年と比較した2020年から2022年の中小企業の売上高の動向を業種ごとに見ると、2020年は多くの業種で2019年と比べて売上高が減少していたが、2022年になると「建設業」、「情報通信業」、「運輸業、郵便業」、「小売業」において2019年と比べて売上高が増加するなど、業種によっては感染症流行前の水準以上まで回復していることが確認できる。一方で、「生活関連サービス業、娯楽業」、「宿泊業、飲食サービス業」においてはそれぞれ大幅減が続いており、引き続き厳しい状況にあることがわかる。

【 業種別に見た、中小企業の売上高の2019年比（2020年〜2022年）】

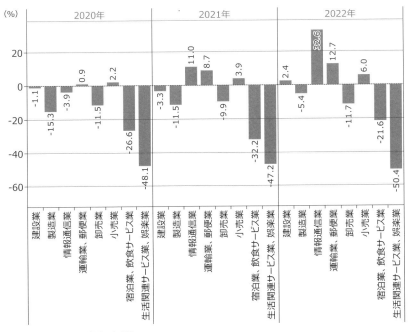

資料：財務省「法人企業統計調査季報」
（注）ここでいう中小企業とは資本金1千万円以上1億円未満の企業とする。

出所：中小企業庁編『2023年版中小企業白書』第1-1-7図、p. I -10

　中小企業の経常利益は売上高同様、リーマン・ショック後に大きく落ち込んだ後は緩やかな回復基調が続いてきたが、2020年に入ると、感染症の影響により減少に転じた。その後は、2020年第3四半期を底に中小企業の経常利益

は再び緩やかな増加傾向で推移し、感染症流行前の水準まで回復した。一方で、2022年第1四半期以降は大企業の経常利益が大きく増加しているのに対して、中小企業はおおむね横ばいで推移しており、2022年第4四半期は減少傾向に転じた。

【 企業規模別に見た、経常利益の推移 】

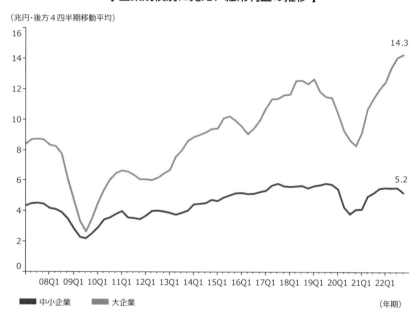

資料：財務省「法人企業統計調査季報」
（注）1.ここでいう大企業とは資本金10億円以上の企業、中小企業とは資本金1千万円以上1億円未満の企業とする。
2.金融業、保険業は含まれていない。

出所：中小企業庁編『2023年版中小企業白書』第1-1-8図、p.Ⅰ-11

③ 設備投資

　次に、中小企業の設備投資の動向について見ていく。まず、中小企業の設備投資は、2012年以降は緩やかな増加傾向にあったが、2016年以降はほぼ横ばいで推移してきた。しかし、2021年から緩やかな増加傾向が続いている。

【 企業規模別に見た、設備投資の推移 】

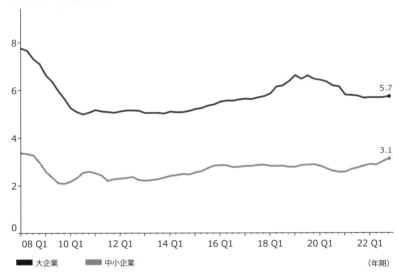

（兆円・後方4四半期移動平均）

資料：財務省「法人企業統計調査季報」
（注）1.ここでいう大企業とは資本金10億円以上の企業、中小企業とは資本金１千万円以上１億円未満の企業とする。
2.金融業、保険業は含まれていない。
3.設備投資は、ソフトウェアを除く。

出所：中小企業庁編『2023年版中小企業白書』第1-1-9図、p.Ⅰ-12

また、2017年度と2022年度における、今後の設備投資における優先度の推移を見ると、中小企業の今後の設備投資における優先度は、「維持更新」から「生産（販売）能力の拡大」や「製（商）品・サービスの質的向上」とする傾向にあることがわかる。

【 今後の設備投資における優先度の推移 】

資料：内閣府・財務省「法人企業景気予測調査」
（注）1.データの制約上、2017年度については7～9月、2022年度については10～12月のデータを用いている。
2.各年度における設備投資のスタンスとして、重要度の高い3項目について集計している。
3.複数回答のため、合計は必ずしも100%にはならない。
4.ここでいう中小企業とは資本金1千万円以上1億円未満の企業とする。

出所：中小企業庁編『2023年版中小企業白書』第1-1-13図、p.Ⅰ-16

④ 資金繰りと倒産・休廃業

　我が国の倒産件数の推移について確認すると、2009年以降、減少傾向で推移してきた中で、2021年は57年ぶりの低水準となったが、2022年は3年ぶりに前年を上回る6,428件であった。

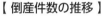

【 倒産件数の推移 】

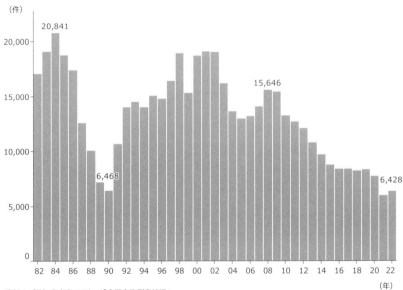

資料：（株）東京商工リサーチ「全国企業倒産状況」
（注）1.倒産とは、企業が債務の支払不能に陥ったり、経済活動を続けることが困難になった状態となること。また、私的整理（取引停止処分、内整理）も倒産に含まれる。
2.負債総額1,000万円以上の倒産が集計対象。

出所：中小企業庁編『2023年版中小企業白書』第1-1-15図、p.Ⅰ-18

　続いて、新型コロナウイルス関連破たんの状況を見る。（株）東京商工リサーチが行った調査で2020年1月から2023年2月末までに集計された経営破たんについて、業種別に見ると、飲食業が最多で848件、次いで建設業が618件となっている。

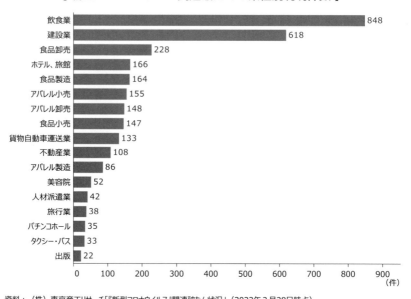

【 新型コロナウイルス関連破たんの業種別判明件数 】

業種	件数
飲食業	848
建設業	618
食品卸売	228
ホテル、旅館	166
食品製造	164
アパレル小売	155
アパレル卸売	148
食品小売	147
貨物自動車運送業	133
不動産業	108
アパレル製造	86
美容院	52
人材派遣業	42
旅行業	38
パチンコホール	35
タクシー・バス	33
出版	22

資料：（株）東京商工リサーチ「『新型コロナウイルス』関連破たん状況」（2023年2月28日時点）
（注）1.負債1,000万円以上の法的整理、私的整理を対象に集計されたもの（準備中を含む）。
2.（株）東京商工リサーチの取材で2020年1月から2023年2月末までに集計された経営破たん。
3.新型コロナウイルス関連破たんとは、（株）東京商工リサーチの取材で担当弁護士や当事者から新型コロナウイルスが要因であると言質が取れた経営破たん。

出所：中小企業庁編『2023年版中小企業白書』第1-1-17図、p.Ⅰ-20

　また、休廃業・解散件数は（株）東京商工リサーチの「休廃業・解散企業」動向調査によると、2022年の休廃業・解散件数は49,625件で、前年比11.8%増となった。また、（株）帝国データバンクの全国企業「休廃業・解散」動向調査によると、2022年の休廃業・解散件数は53,426件で、前年比2.3%減となった。

【 休廃業・解散件数の推移 】

①東京商工リサーチ

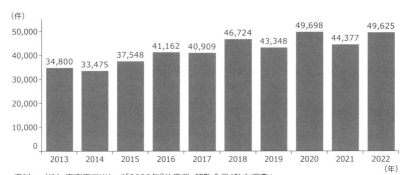

資料： （株）東京商工リサーチ「2022年『休廃業・解散企業』動向調査」
（注）1.休廃業とは、特段の手続きを取らず、資産が負債を上回る資産超過状態で事業を停止すること。
2.解散とは、事業を停止し、企業の法人格を消滅させるために必要な清算手続きに入った状態になること。基本的には、資産超過状態だが、解散後に債務超過状態であることが判明し、倒産として再集計されることもある。

②帝国データバンク

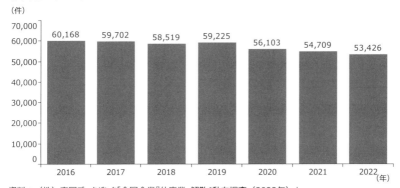

資料： （株）帝国データバンク「全国企業『休廃業・解散』動向調査（2022年）」
（注）休廃業・解散とは、倒産（法的整理）によるものを除き、特段の手続きを取らずに企業活動が停止した状態の確認（休廃業）、もしくは商業登記等で解散（但し「みなし解散」を除く）を確認した企業の総称。

出所：中小企業庁編『2023年版中小企業白書』第1-1-18図、p.Ⅰ-21

❸ 雇用の動向

① 我が国の雇用情勢

　はじめに、雇用情勢を示す代表的な指標として、完全失業率と有効求人倍率の推移について確認する。完全失業率は、2009年中頃をピークに長期的に低下傾向で推移してきたが、2020年に入ると上昇傾向に転じ、その後は再び低下傾向で推移している。また、長期的に上昇傾向で推移してきた有効求人倍率も2020年に入り大きく低下したが、再び上昇傾向となっており、雇用情勢は持ち直している。

【 完全失業率・有効求人率の推移 】

資料：総務省「労働力調査」、厚生労働省「職業安定業務統計」
（注）季節調整値。

出所：中小企業庁編『2023年版中小企業白書』第1-1-19図、p. Ⅰ-22

② 中小企業の雇用状況

(a) 人手不足の課題

　景況調査を用いて、業種別に従業員の過不足状況を見ると、2013年第4四半期にすべての業種で従業員数過不足DIがマイナスになり、その後は人手不足感が高まる方向で推移してきた。2020年第2四半期にはこの傾向が一転して、急速に不足感が弱まり、製造業と卸売業では従業員数過不足DIがプラスとなった。足下では、いずれの業種も従業員数過不足DIはマイナスとなっており、中小企業の人手不足感は強くなっている。

【 業種別に見た、従業員数過不足DIの推移 】

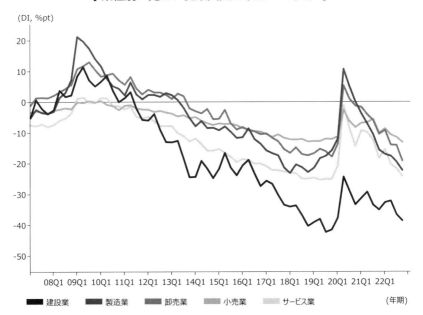

資料：中小企業庁・（独）中小企業基盤整備機構「中小企業景況調査」
（注）従業員数過不足DIとは、従業員の今期の状況について、「過剰」と答えた企業の割合（％）から、「不足」と答えた企業の割合（％）を引いたもの。

出所：中小企業庁編『2023年版中小企業白書』第1-1-21図、p.Ⅰ-24

(b) 人手不足への対応方法

　日本商工会議所・東京商工会議所「人手不足の状況および新卒採用・インターンシップの実施状況に関する調査」を用いて、人手不足への対応方法を

見ると、人手不足への対応については、回答数が多い順に「正社員の採用」、「パートタイマーなど有期雇用社員の採用」、「業務プロセスの見直しによる業務効率化」、「社員の能力開発による生産性向上」、「IT化等設備投資による生産性向上」となっている。

(c) 人材確保状況

　（株）日本政策金融公庫総合研究所「全国中小企業動向調査・中小企業編」を用いて、人材確保のための方策を見ると、「給与水準の引き上げ」や「長時間労働の是正」、「育児・介護などと両立できる制度の整備」、「福利厚生の拡充」を通じた職場環境の改善など、職場の魅力向上に取り組む動きも見られている。また、シニア人材、外国人材といった多様な人材を活用する企業も一定数存在することがわかる。

【 人材確保のための方策 】

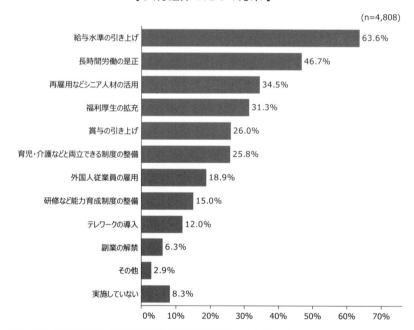

資料：（株）日本政策金融公庫総合研究所「全国中小企業動向調査・中小企業編」（2022年1‐3月期付帯調査）
（注）複数回答のため、合計は必ずしも100％にはならない。

出所：中小企業庁編『2023年版中小企業白書』第1-1-26図、p.Ⅰ-29

4 物価・為替の動向

① 物価の概況と影響

　はじめに、国内企業物価指数および消費者物価指数の動向を確認する。国内企業物価指数は、生産者の出荷または卸売段階における財の物価の動きを、消費者物価指数は、小売段階の物価の動きを反映する指標として、それぞれの動向が注目されるが、国内企業物価指数は2020年12月から、消費者物価指数は2021年1月から上昇に転じた。また、足下のそれぞれの物価指数の推移を見ると、国内企業物価指数が消費者物価指数の変化を上回って急激に上昇していることがわかる。

【 国内企業物価指数と消費者物価指数の推移 】

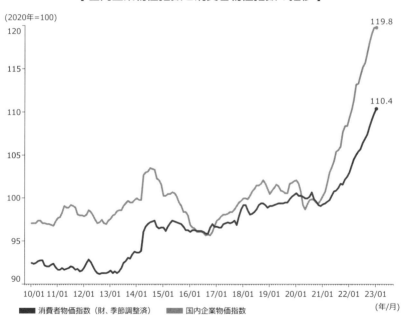

資料：日本銀行「企業物価指数」、総務省「消費者物価指数」（2023年2月時点）

出所：中小企業庁編『2023年版中小企業白書』第1-1-27図、p.Ⅰ-30

　また、全国商工会連合会「原油及び原材料高騰によるコスト増が及ぼす経営への影響調査」を使って、原油高・原材料高・ウクライナ危機・円安などの影響の長期化への対応を見ると、物価高騰に対する対応として、「既存製品、サー

ビスの値上げ」だけでなく、「人件費以外の経費削減」や「業務効率改善による収益力向上」等に取り組んでいる企業が一定数見られることがわかる。

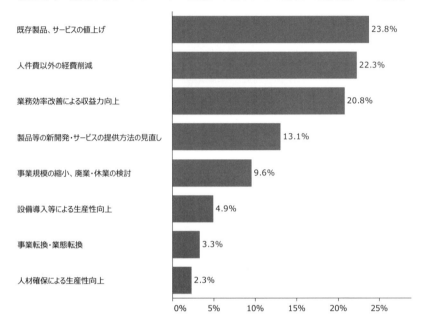

【原油高・原材料高・ウクライナ危機・円安などの影響の長期化への対応】

- 既存製品、サービスの値上げ 23.8%
- 人件費以外の経費削減 22.3%
- 業務効率改善による収益力向上 20.8%
- 製品等の新開発・サービスの提供方法の見直し 13.1%
- 事業規模の縮小、廃業・休業の検討 9.6%
- 設備導入等による生産性向上 4.9%
- 事業転換・業態転換 3.3%
- 人材確保による生産性向上 2.3%

資料：全国商工会連合会「原油及び原材料高騰によるコスト増が及ぼす経営への影響調査」（2022年4〜5月）
（注）1.本調査全体における回答数(n)は、612となっている。
2.複数回答のため、合計は必ずしも100％にはならない。

出所：中小企業庁編『2023年版中小企業白書』第1-1-32図、p.Ⅰ-35

② 為替の変動と各産業への影響

　ドル円為替レートについて見ると、2016年頃から緩やかに円高方向に推移していたが、2021年からは緩やかな円安傾向に転じた。2022年に入ってからは円安傾向が急激に進み、2022年10月には、一時1ドル150円台を記録した。その後は円高方向に推移しており、2023年2月時点では1ドル130円前後で推移している。

　また、経済産業省「令和元年延長産業連関表：平成27年（2015年）基準」、日本銀行「輸出・輸入物価指数の契約通貨別構成比」、および財務省・日本銀行による「業種別・地域別直接投資」を用いて、ドル建て分の輸出入取引額に

おいて為替レートが円安方向に10％進展した場合に、各部門の産出価格にどのような影響が出るか試算を行ったものを見ると、各産業に対する影響として、輸出型産業の電気機械、輸送機械では輸出価格の上昇を通じたプラスの影響が見られる。その一方で、輸入コストの増大により、輸入型産業の石油製品や、鉄・非鉄・金属業種についてはマイナスの影響が見られることがわかる。

5 サプライチェーンの混乱と調達遅れの状況

　(株)東京商工リサーチ「原材料・資材の『調達難・コスト上昇に関するアンケート』調査」を用いて、中小企業において、前年と比べた原材料や部品の調達遅れ状況を、2022年8月、10月、12月において見ると、2022年8月時点では、約4割の中小企業が調達遅れが「生じており、昨年より悪化している」と回答しているが、2022年12月時点では約2割にまで減少している。それに対して「現時点で生じていない」と回答した割合は4ポイント程度の増加となっていることから、サプライチェーンの混乱は続いているものの、2022年8月と比較すると改善していることがわかる。

論点9　激変する外部環境と中小企業の取組

ポイント

ここでは、感染症の流行、為替変動や気候変動等、激変する外部環境に対する中小企業の取組について確認する。特に中小企業・小規模事業者のカーボンニュートラルの取組状況を押さえておきたい。

■ 感染症流行による影響と新たな取組

① 感染症流行による中小企業・小規模事業者への影響

(a) 感染症流行による企業業績への影響

　感染症流行が2020年、2021年、2022年の各年に及ぼした中小企業・小規模事業者の企業業績への影響について確認すると、経常利益は2021年に若干の改善は見られたものの、足下では減少傾向にある。一方で、売上高については2020年から増加の傾向にあり、感染症流行以降に、一定程度回復している兆候が見られる。

(b) 自社の事業環境に対する感染症の影響への認識

　自社の事業環境に対する感染症の影響への認識を確認すると、「もはや感染症の影響下ではなく、事業環境は平時を取り戻した」、「もはや感染症の影響下ではなく、感染症の影響以外の環境変化への対応が急務だ」としている回答が、それぞれ27.9％、37.1％となっており、合わせて65.0％の企業が自社の事業環境について感染症の影響下にないと回答している。

② 感染症流行を踏まえた、中小企業・小規模事業者の新たな取組

(a) 感染症流行を踏まえたデジタル化の取組

　2020年から2022年までの3年間において、感染症流行を踏まえたデジタル化の取組について確認すると、2022年 (現在) においては「IT・デジタルツールの利用環境整備・導入」を始め、多くの項目で3年間を通じて上昇傾向にあり、感染症流行を踏まえたデジタル化の取組が浸透しつつあることがわかる。

(b) 感染症流行後の顧客数増加の取組

　2020年から2022年までの3年間において、感染症流行後の顧客数増加

の取組のうち、効果のあったものを確認すると、「営業活動・商談等のオンライン化」が3年間の中で最も高く、次いで「新たな商品・サービスの開発」が高い割合となっており、2022年（現在）では16.6％となっている。このことから、感染症流行の影響を踏まえてIT技術を用いた営業活動を行うだけでなく、感染症流行による外部環境の変化に対応した新商品・サービスへの転換を行うことも、顧客数増加に向けて効果的であることがわかる。

(c) 感染症流行を踏まえた事業再構築

　2020年から2022年までの3年間において、「感染症流行を踏まえた事業再構築を行っている」企業が増加している傾向にあり、その内訳を見ると、「新たな製品等で新たな市場に進出する（新分野展開）」の回答割合が最も高く、2022年（現在）では60.3％となっている。それに次いで、「自社の主要な製品・商品・サービスの生産・製造方法等を転換する（業態転換）」も回答割合が高く、2022年（現在）では16.4％となっている。また、「組織の合併・分割、株式交換・移転、事業譲渡を通じた事業再編（事業再編）」も2020年から2022年の3年間において増加している。このことから、感染症流行を契機に、中小企業・小規模事業者における事業再構築が、新分野展開や業態転換を中心として進展し、事業再編も徐々に増加している兆候が見られることがわかる。

【 感染症流行を踏まえた事業再構築の実施状況の内訳 】

2020年（2年前）

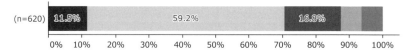

2021年（1年前）

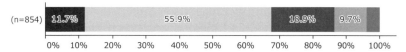

2022年（現在）

- ■ 組織の合併・分割、株式交換・移転、事業譲渡を通じた事業再編（事業再編）
- □ 新たな製品等で新たな市場に進出する（新分野展開）
- ■ 自社の主要な製品・商品・サービスの生産・製造方法等を転換する（業態転換）
- ■ 自社の主要な事業を転換する（事業転換）
- ■ 自社の主要な業種を転換する（業種転換）

資料：（株）東京商工リサーチ「中小企業が直面する経営課題に関するアンケート調査」
（注）感染症流行を踏まえた事業再構築の実施状況について、「感染症流行を踏まえた事業再構築は行っていない」を除いて集計している。

出所：中小企業庁編『2023年版中小企業白書』第1-2-6図、p. Ⅰ-52

❷ 中小企業・小規模事業者のカーボンニュートラル

① 中小企業・小規模事業者のカーボンニュートラルの取組状況

　（株）東京商工リサーチ「令和4年度取引条件改善状況調査」を用いて、カーボンニュートラルの事業方針上の優先度について見ると、2020年から2022年につれて、「優先順位は高い」、「優先順位はやや高い」と回答する割合が高くなっている。このことから、中小企業・小規模事業者において、カーボンニュートラルの事業方針上の優先度が高まっていることがわかる。

【 カーボンニュートラルの事業方針上の優先度 】

2020年（2年前）

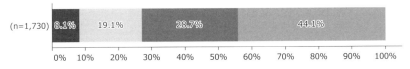

2021年（1年前）

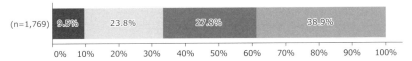

2022年（現在）

■ 優先順位は高い　■ 優先順位はやや低い
□ 優先順位はやや高い　■ 優先順位は低い

資料：（株）東京商工リサーチ「令和4年度取引条件改善状況調査」
（注）1.発注側事業者向けアンケートを集計したもの。
2.カーボンニュートラルの事業方針上の位置づけについて、「分からない」を除いて集計している。

出所：中小企業庁編『2023年版中小企業白書』第1-2-7図、p.Ⅰ-59

② サプライチェーンで一体となって行うカーボンニュートラルの促進

　取引上の地位別に、2022年（現在）のカーボンニュートラルの取組状況を確認すると、取引上の地位で三次下請以下の企業では、カーボンニュートラルの取組の重要性がそもそも理解されていない傾向がある。

③ グリーン分野への投資・事業再構築の促進

　グリーン分野※への投資意向を確認すると、2020年と比べて2022年（現在）では、「既に投資を行っている」、「投資を検討している」割合が高まっており、それぞれ2.7ポイント、4.5ポイント上昇していることがわかる。

　※グリーン分野：環境問題に配慮した経済活動分野を指す。具体的な分野としては、内閣官房ほか（2021）「2050年カーボンニュートラルに伴うグリーン成長戦略」で定められている重点14分野を指す。

④ カーボンニュートラルを促進するための制度

　（株）東京商工リサーチ「令和4年度取引条件改善状況調査」を用いて、カーボンニュートラルの取組状況について、「何に取り組むべきかわからない」企業に限って、カーボンニュートラルの取組を促進するために有効と考えられる制度を見ると、「③設備・システムを導入する際の補助金・税制優遇措置」の割合が最も高く、35.5%となっている。次いで「④改善状況を診断するツールの提供・導入に向けた補助金」、「⑤事業転換を後押しする補助金・税制優遇措置」の割合が高く、それぞれ31.7%、31.4%となっている。

　今後、カーボンニュートラルについて何に取り組むべきかわからない中小企業に対してカーボンニュートラルを進めるためには、設備等の導入や専門家サポート、事業転換（事業再構築）を進めるための財政的支援が重要であることがわかる。

【 カーボンニュートラルの取組を促進するために有効と考えられる制度 】

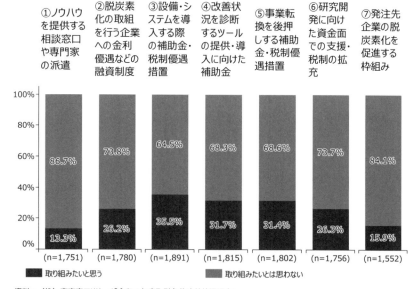

資料：（株）東京商工リサーチ「令和4年度取引条件改善状況調査」
（注）1.受注側事業者向けアンケートを集計したもの。
2.カーボンニュートラルの取組状況について、「何に取り組むべきかわからない」と回答した者に限って集計している。
3.①〜⑦の制度があることにより、カーボンニュートラルに向けた活動に取り組みたいと思うかについて、「どちらともいえない」を除いて集計している。

出所：中小企業庁編『2023年版中小企業白書』第1-2-16図、p.Ⅰ-68

論点10 中小企業の実態に関する構造分析

ポイント

企業間取引・価格転嫁、賃金や生産性の現況のほか、「地域の包摂的成長」に焦点を当て、中小企業の実態に関する構造について確認する。価格転嫁・賃上げ等について本書記載のグラフを中心に押さえておきたい。

1 企業間取引・価格転嫁の現況

① 交易条件の動向

日本銀行「全国企業短期経済観測調査」を基に、販売価格DIから仕入価格DIを引いた値である交易条件指数の算出を行ったものを確認すると、2022年においては、大企業と中小企業の交易条件の規模間格差が改善している傾向も見られているが、中小企業の交易条件指数は感染症流行前と比べると依然として低い水準にとどまっており、仕入価格上昇分を販売価格に転嫁できていない状況が示唆される。

② 価格転嫁力の動向

2021年度までの日本銀行「全国企業短期経済観測調査」、「企業物価指数」を基に、企業規模別の価格転嫁力指標の算出を行ったものを確認する。大企業（大企業製造業）と中小企業（中小製造業）を比較して見ると、感染症流行前に一定水準上昇した大企業・中小企業の価格転嫁力が、感染症流行後、再び減少している。さらに、大企業と中小企業間で、価格転嫁力の規模間格差が開きつつあることがわかる。

【 企業規模別に見た、価格転嫁力の推移（製造業）】

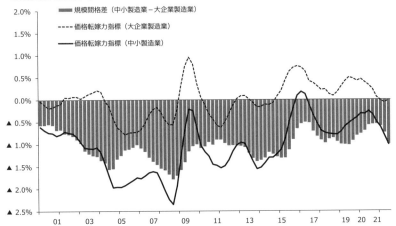

(前期比、後方4期移動平均)

凡例：
- 規模間格差（中小製造業－大企業製造業）
- 価格転嫁力指標（大企業製造業）
- 価格転嫁力指標（中小製造業）

資料：日本銀行「全国企業短期経済観測調査」、「企業物価指数」
（注）ここでの規模間格差は、大企業製造業と中小製造業における、価格転嫁力指標の数値の差分を表し、値が負の方向に向かうほど、大企業製造業に対して、中小製造業における価格転嫁力が差をつけられていることを示す。

出所：中小企業庁編『2023年版中小企業白書』第1-3-2図、p.Ⅰ-76

　中小企業庁「価格交渉促進月間フォローアップ調査」を用いて、2022年3月、および9月の各コストにおける価格転嫁率の推移を見ると、2022年における価格転嫁率（仕入価格の上昇分を販売価格に転嫁できている割合）の状況は、全体コストについては改善しつつあり、中でも原材料費の転嫁率については向上している。一方で、労務費については上昇幅が非常に小さく、エネルギー価格については転嫁率が減少していることがわかる。

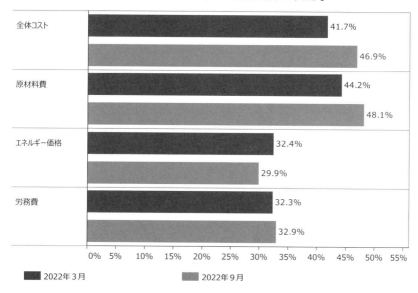

【 各コストの変動に対する価格転嫁の状況 】

資料：中小企業庁「価格交渉促進月間フォローアップ調査」
（注）1.2022年3月、9月の調査における、価格転嫁率の平均値を算出したもの。
2.回答数(n)は以下の通り。2022年3月※ n=25,575、2022年9月※ n=17,848。
3.主要な発注側企業（最大3社）との間で、直近6か月のコスト上昇分のうち、何割を価格転嫁できたかの回答について、発注
側の企業ごとに名寄せ・単純平均したもの。

出所：中小企業庁編『2023年版中小企業白書』第1-3-4図、p.Ⅰ-78

② 賃金の現況

① 賃金の動向

(a) 最低賃金の動向

　2022年度までの厚生労働省「地域別最低賃金の全国一覧」を基に、最低賃金の推移を見ると、2021年度において全国加重平均で930円であった最低賃金は、2022年10月に過去最大の全国加重平均で31円の引上げが実施されたことにより、2022年度においては全国加重平均で961円となっている。

【 最低賃金の推移 】

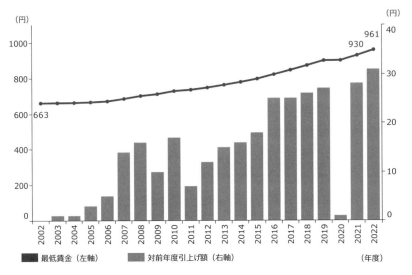

資料：厚生労働省「地域別最低賃金の全国一覧」

出所：中小企業庁編『2023年版中小企業白書』第1-3-5図、p.Ⅰ-79

(b) 賃金の推移

　従業員規模別に常用労働者の所定内給与額※の推移を見ると、2021年において、大企業では301,763円、中小企業では256,578円となっている。

※所定内給与額：きまって支給する現金給与額から時間外勤務手当、深夜勤務手当、休日出勤手当、宿日直手当、交代手当として支給される超過労働給与額を引いた額を指す。

【 従業員規模別に見た、所定内給与額（常用労働者）の推移 】

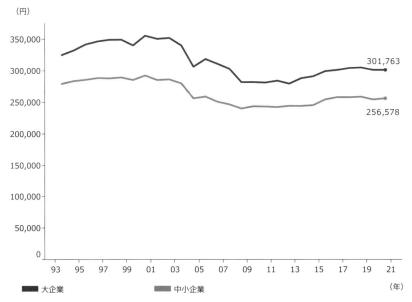

資料：厚生労働省「賃金構造基本統計調査」再編加工
（注）中小企業基本法第2条の規定に基づき、業種別の従業員数の定義に基づく中小企業と、それ以外の大企業に分けて集計している。

出所：中小企業庁編『2023年版中小企業白書』第1-3-7図、p.Ⅰ-81

(c) 業種別の賃金の推移

　大企業、中小企業において、業種別に常用労働者の所定内給与額の推移を見ると、大企業においては、リーマン・ショック以降に多くの業種において所定内給与額が減少し、その後緩やかに回復傾向が続いたものの、感染症流行後において、卸売業、小売業をはじめ、宿泊業、飲食サービス業などにおいて所定内給与額が減少していることがわかる。中小企業においては、大企業と同様に、リーマン・ショック以降に多くの業種において所定内給与額が減少した後、直近10年において所定内給与額は大きく変動していない。また、感染症流行後においては、一時的に落ち込んだ製造業や情報通信業についても、その後持ち直していることがわかる。

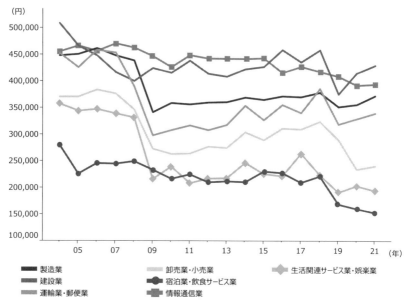

【 業種別に見た、所定内給与額の推移（大企業・常用労働者）】

凡例:
- 製造業
- 卸売業・小売業
- 生活関連サービス業・娯楽業
- 建設業
- 宿泊業・飲食サービス業
- 運輸業・郵便業
- 情報通信業

資料：厚生労働省「賃金構造基本統計調査」再編加工
（注）中小企業基本法第2条の規定に基づき、業種別の従業員数の定義に基づく中小企業を除く、大企業について集計している。

出所：中小企業庁編『2023年版中小企業白書』第1-3-8図、p. I -82

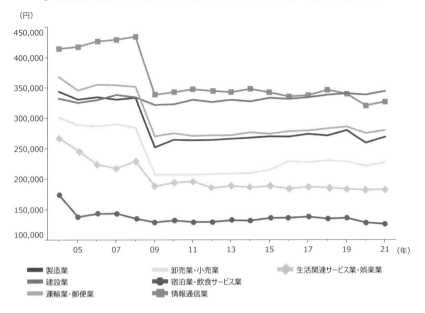

【業種別に見た、所定内給与額の推移（中小企業・常用労働者）】

(円)

凡例：
- 製造業
- 建設業
- 運輸業・郵便業
- 卸売業・小売業
- 宿泊業・飲食サービス業
- 情報通信業
- 生活関連サービス業・娯楽業

資料：厚生労働省「賃金構造基本統計調査」再編加工
（注）中小企業基本法第2条の規定に基づき、業種別の従業員数の定義に基づく中小企業について集計している。

出所：中小企業庁編『2023年版中小企業白書』第1-3-9図、p.Ⅰ-83

② 賃上げの動向

(a) 賃金改定率の推移

　厚生労働省「賃金引上げ等の実態に関する調査」を基に、従業員規模別に、一人当たり平均賃金改定率の推移を見ると、2021年における大企業と中小企業の一人当たり平均賃金改定率は約1.7%となっており、規模別に見ると賃金改定率には大きな差がないことがわかる。

【 従業員規模別に見た、一人当たり平均賃金改定率の推移 】

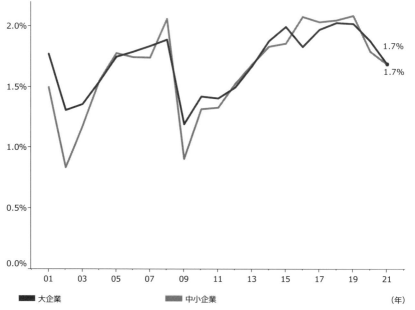

資料：厚生労働省「賃金引上げ等の実態に関する調査」再編加工
　（注）中小企業基本法第２条の規定に基づき、業種別の従業員数の定義に基づく中小企業と、それ以外の大企業に分けて集計している。

出所：中小企業庁編『2023年版中小企業白書』第1-3-10図、p.Ⅰ-84

❸ 生産性の現況

① 生産性の動向

　企業規模別に、2021年度までの一人当たり付加価値額（労働生産性）の推移を見ると、大企業製造業においては、2021年度において大きく労働生産性を向上させている一方、中小企業においては製造業・非製造業共に横ばいの傾向が続いている。

【 企業規模別に見た、従業員一人当たり付加価値額 (労働生産性) の推移 】

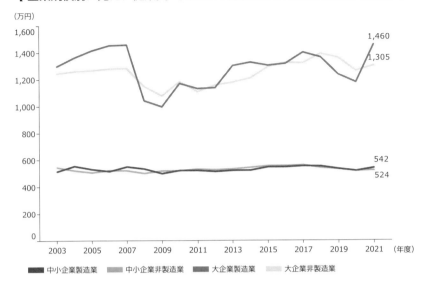

資料：財務省「法人企業統計調査年報」
（注）1.ここでいう大企業とは資本金10億円以上、中小企業とは資本金１億円未満の企業とする。
　2.平成18年度調査以前は付加価値額＝営業純益（営業利益－支払利息等）＋役員給与＋従業員給与＋福利厚生費＋支払利息等＋動産・不動産賃借料＋租税公課とし、平成19年度調査以降はこれに役員賞与、及び従業員賞与を加えたものとする。

出所：中小企業庁編『2023年版中小企業白書』第1-3-15図、p.Ⅰ-91

　次に労働分配率の推移を見ると、中規模企業、小規模企業においては、大企業と比べて労働分配率が高い傾向が続いている。また、2019年度から2021年度にかけて、小規模企業の労働分配率が上昇し、2020年度から2021年度にかけて、中規模企業、大企業の労働分配率が低下していることがわかる。

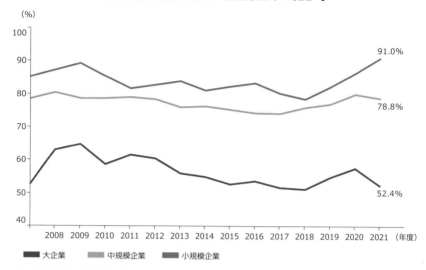

【 企業規模別に見た、労働分配率の推移 】

(%)

資料：財務省「法人企業統計調査年報」
　（注）1.ここでいう大企業とは資本金10億円以上、中規模企業とは資本金１千万円以上１億円未満、小規模企業とは資本金１千万円未満とする。
2.ここでいう労働分配率とは付加価値額に占める人件費とする。
3.付加価値額＝営業純益（営業利益−支払利息等）＋人件費（役員給与＋役員賞与＋従業員給与＋従業員賞与＋福利厚生費）＋支払利息等＋動産・不動産賃借料＋租税公課。
4.金融業、保険業は含まれていない。

出所：中小企業庁編『2023年版中小企業白書』第1-3-16図、p. Ⅰ-92

4 地域の包摂的成長

① 地域の中堅・中核企業の現状

　地域における賃金や生産性等について、地域経済への影響力が大きく、成長性が見込まれるような、地域経済の中心的な役割を担う企業が持続的に高い利益を生み出すことで、域内の雇用創出や賃金の引上げにつながっている可能性も考えられる。

　一企業当たりの売上高と設備投資額の推移について、2009年比の増減率を企業規模別に見ると、2015年以降連続して、売上高、設備投資額の両指標とも、中堅企業が中小企業、大企業を上回っている。このことから、包摂的成長の実現には、売上高や設備投資の伸びが大きい地方圏の中堅・中核企業が成長・発展し、地方圏の経済成長や雇用の創出につなげることが重要であると考えられる。

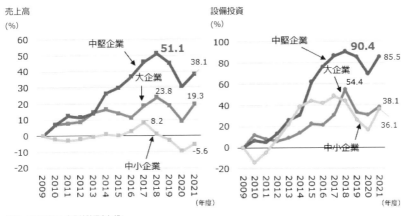

【 企業規模別に見た、一企業当たりの売上高・設備投資額の推移（2009年比の増減率）】

売上高
(%)

中堅企業
51.1
大企業
38.1
23.8
19.3
8.2
-5.6
中小企業

2009 2010 2011 2012 2013 2014 2015 2016 2017 2018 2019 2020 2021
(年度)

設備投資
(%)

中堅企業
90.4
85.5
大企業
54.4
38.1
36.1
中小企業

2009 2010 2011 2012 2013 2014 2015 2016 2017 2018 2019 2020 2021
(年度)

資料：財務省「法人企業統計調査年報」
（注）ここでいう大企業とは資本金10億円以上、中堅企業とは資本金1億円以上10億円未満、中小企業とは資本金1千万円以上1億円未満の企業を指す。

出所：中小企業庁編『2023年版中小企業白書』第1-3-18図、p. I-102

② 若者・女性などの東京圏への人口移動

　国土交通省が実施した「市民向け国際アンケート調査」を基に、東京圏以外の地域の出身であり東京圏に移住した者について、東京圏へ移住した背景を男女別に確認すると、東京圏への流入者の移住の背景として、地元では「希望する職種の仕事が見つからないこと」、「賃金等の待遇が良い仕事が見つからないこと」の回答割合が多いことがわかる。このことから、東京圏外に居住していた若者や女性が、希望する職種の仕事や賃金等の待遇条件が良い仕事を求めて東京圏へ転入している状況がうかがえる。

③ 東京圏における実質的な可処分所得

　国土交通省が算出した、都道府県別の中央世帯の可処分所得と基礎支出を確認すると、東京圏の可処分所得に関する都道府県別の順位は比較的大きいものの、基礎支出は最上位を占める。このため、東京圏では、実感的な可処分所得が相対的に低くなっていることがわかる。

論点11　中小企業におけるイノベーション

ポイント

中小企業・小規模事業者のイノベーションの現状について確認する。企業規模別・業種別の研究開発投資状況やその投資効果について押さえておきたい。

1 中小企業におけるイノベーションの実態

① 中小企業における研究開発投資状況

　経済産業省「企業活動基本調査」を用いて、企業規模別・業種別に、研究開発費、および売上高比研究開発費の推移を見ると、中小企業では製造業において研究開発費が上昇傾向にあるものの、売上高比研究開発費については、大企業と比べて、製造業・非製造業共に低水準にとどまっている。

【企業規模別・業種別に見た、研究開発費および売上高比研究開発費の推移】

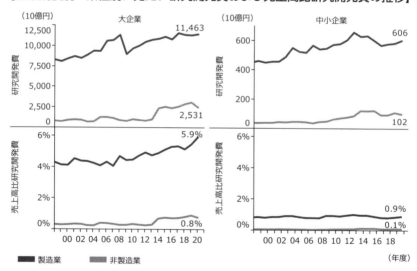

資料：経済産業省「企業活動基本調査」再編加工

出所：中小企業庁編『2023年版中小企業白書』第1-4-1図、p.Ⅰ-110

② 中小企業におけるイノベーション活動の取組状況

　文部科学省科学技術・学術政策研究所「全国イノベーション調査2020年調査」を用いて、従業員規模別に、2017年から2019年までの3年間におけるイノベーション活動の実行状況を確認すると、大規模企業では約7割、中規模企業では約6割、小規模企業では約半数の企業がイノベーション活動に取り組んでいる。大規模企業と比べると、イノベーション活動に取り組んでいる中規模企業、小規模企業の割合は少ないことがわかる。

② 中小企業におけるイノベーションの効果

　東京商工会議所「中小企業のイノベーション実態調査」を用いて、イノベーション活動別に、イノベーション活動によって得られた効果を見ると、「革新的なイノベーション活動に取り組んでいる」企業においては、「革新的ではないがイノベーション活動に取り組んでいる」企業と比べて、「競合との差別化」、「販路拡大（国内・海外）」につながると回答する割合が高いことがわかる。

【 イノベーション活動によって得られた効果 】

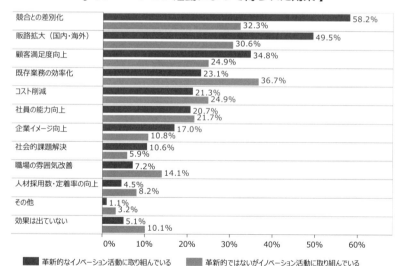

資料：東京商工会議所「中小企業のイノベーション実態調査」（2020年10月）
　（注）1.複数回答のため、合計は必ずしも100%とならない。
2.ここでいう「革新的なイノベーション活動に取り組んでいる」企業は、「競合他社が導入していない全く新しい取組を行っている」と回答した企業を指す。
3.有効回答数については以下のとおり。革新的なイノベーション活動に取り組んでいる：n=376、革新的でないがイノベーション活動に取り組んでいる：n=526。

出所：中小企業庁編『2023年版中小企業白書』第1-4-4図、p.Ⅰ-113

論点12　地域内の企業立地

中小企業の今後の立地に対する認識や課題を確認する。また、企業誘致を進めるために必要な自治体の取組などについて確認する。本書で取り上げるグラフを中心に押さえておきたい。

1 企業立地の動向

① 企業立地の動向と意義・効果

　我が国の工場立地件数と面積の推移を見ると、1990年代は、バブル崩壊とともに工場立地件数、面積が減少傾向で推移してきた。2000年代になると増加傾向に転じるが、リーマン・ショック後に大きく落ち込んだ。その後は横ばい傾向で推移しているが、足下でもバブル崩壊後の水準にとどまっており、長期的に見ると、我が国の工場立地件数と面積は減少傾向で推移していることがわかる。

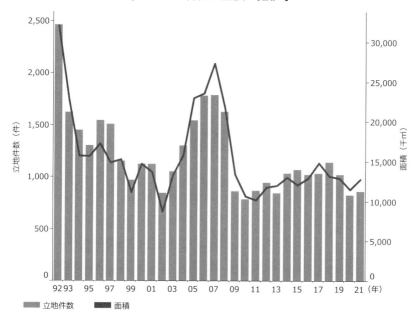

【 工場立地件数と面積の推移 】

資料：経済産業省「工場立地動向調査」
（注）面積は、統計法に基づく情報保護の観点から、秘匿処理を行っている都道府県の面積は除いて集計している。

出所：中小企業庁編『2023年版中小企業白書』第1-5-1図、p.Ⅰ-133

② 中小企業の企業立地の動向

(a) 国内の拠点数と過去の立地動向

国内における本所・本社以外の拠点の有無について従業員規模別に確認すると、従業員規模が大きい企業ほど、本所・本社以外に拠点を有している傾向にあることがわかる。また約3割の企業が国内に本所・本社以外に複数の拠点を有している。

(b) 海外生産拠点における国内回帰の動き

海外で生産していた製品・部材を国内生産に戻した、または今後戻す予定がある中小企業に対し、その理由を確認すると、2020年から2022年にかけて「新型コロナ感染症への対応」と回答した企業が最も多いことがわかる。一方で、足下の2022年から今後にかけて「為替変動」や「人件費の上昇」、「原材料費の上昇」と回答した企業が増加しており、中小企業が国内に生産を戻

す理由に変化が生じていることが確認できる。

【 国内生産に戻した (戻す) 理由 】

新型コロナ感染症への対応	2020年	37.5%
	2021年	44.7%
	2022年	40.0%
	今後	13.0%
為替変動	2020年	1.6%
	2021年	2.6%
	2022年	28.3%
	今後	41.3%
人件費の上昇	2020年	6.3%
	2021年	10.5%
	2022年	13.3%
	今後	26.1%
原材料費の上昇	2020年	3.1%
	2021年	5.3%
	2022年	11.7%
	今後	17.4%
消費地生産	2020年	4.7%
	2021年	5.3%
	2022年	5.0%
	今後	13.0%
米中貿易摩擦	2020年	6.3%
	2021年	2.6%
	2022年	3.3%
	今後	6.5%
その他	2020年	34.4%
	2021年	26.3%
	2022年	26.7%
	今後	17.4%

資料：三菱UFJリサーチ＆コンサルティング（株）「我が国ものづくり産業の課題と対応の方向性に関するアンケート調査」
（注）1.資本関係のない外部への生産委託を除く、直接投資や出資による海外生産拠点がある企業のうち、海外で生産していた製品・部材を国内生産に戻した、または、今後戻す予定があると回答した企業の回答を集計している。
2.「今後」は、海外で生産していた製品・部材を国内生産に戻すケースを予定しているかを聞いたもの。
3.2020年、2021年、2022年に実施されたアンケートで全てに共通する選択肢に絞って集計している。
4.回答数(n)は以下のとおり。2020年：n=64、2021年：n=38、2022年：n=60、今後：n=46。

出所：中小企業庁編『2023年版中小企業白書』第1-5-12図、p.Ⅰ-147

③ 中小企業の今後の立地に対する認識や課題

(a) 今後の立地に対する認識と土地を選択する際に判断に影響を与える要素

　今後5年程度において計画している（検討中も含む）新たな立地の候補地別に、立地を選択する際に判断に影響を与える「地理的要件」に関する要素を確認すると、同一都道府県内を候補地としている企業では、「規模（土地面積）」が最も多い一方で、同一市区町村内（現所在地含む）やその他国内、

海外を候補地としている企業、候補地が未定の企業では、「調達先、販売先等との位置関係（距離、アクセスの容易さ）」が最も多いことが見て取れる。特にその他国内、海外を候補地としている企業や候補地が未定の企業では、「調達先、販売先等との位置関係（距離、アクセスの容易さ）」を重視する傾向にあり、調達先、販売先といった取引先との関係が立地を選択する際に判断に影響を与えているものと推察される。

　このように、新たな立地の候補地や目的などによって、立地を選択する際に判断に影響を与える要素が異なることが確認できる。

【 新たな立地の際の候補地別に見た、立地を選択する際に判断に影響を与える要素（地理的要件）】

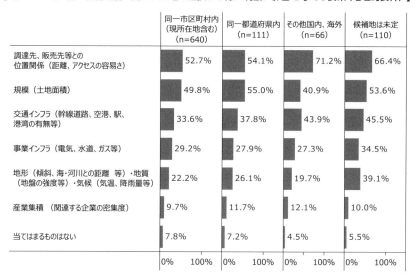

	同一市区町村内 （現所在地含む） （n=640）	同一都道府県内 （n=111）	その他国内、海外 （n=66）	候補地は未定 （n=110）
調達先、販売先等との 位置関係（距離、アクセスの容易さ）	52.7%	54.1%	71.2%	66.4%
規模（土地面積）	49.8%	55.0%	40.9%	53.6%
交通インフラ（幹線道路、空港、駅、港湾の有無等）	33.6%	37.8%	43.9%	45.5%
事業インフラ（電気、水道、ガス等）	29.2%	27.9%	27.3%	34.5%
地形（傾斜、海・河川との距離 等）・地質（地盤の強度等）・気候（気温、降雨量等）	22.2%	26.1%	19.7%	39.1%
産業集積（関連する企業の密集度）	9.7%	11.7%	12.1%	10.0%
当てはまるものはない	7.8%	7.2%	4.5%	5.5%

資料：（株）野村総合研究所「地域における中小企業のデジタル化及び社会課題解決に向けた取組等に関する調査」
（注）1.ここでの「立地」とは、工場・生産施設や物流・倉庫施設、研究・開発施設等の新設・増設・移転のことを指し、購入・賃貸は問わない。
2.今後5年程度において計画している（検討中も含む）新たな立地の候補地について聞いた問いに対し、いずれかの候補地を計画している（検討中も含む）、または計画（検討）はしているが、候補地は未定と回答した者に対して聞いている。
3.複数回答のため、合計は必ずしも100%にはならない。

出所：中小企業庁編『2023年版中小企業白書』第1-5-15図、p.Ⅰ-152

　また、同様に「経済・社会環境・政策」に関する要素を確認すると、いずれの候補地の企業においても「自治体による支援の充実（補助金、税制優遇等）」が最も多く、自治体による支援が企業の立地判断に影響を与えることが確認できる。他方で、その他国内、海外を候補地としている企業では、「雇

用労働状況（候補地における賃金水準・人材確保の容易さ等）」を重視している割合が相対的に高く、現在の立地から同一都道府県外に立地するにあたり、人材確保等の雇用への関心が高い様子がうかがえる。また、候補地は未定としている企業では、既に候補地が決まっている企業と比べて、全体的に回答割合が高い傾向にあり、さまざまな要素の中からより良い候補地を検討していることが推察される。

【 新たな立地の際の候補地別に見た、立地を選択する際に判断に影響を与える要素（経済・社会環境・政策）】

	同一市区町村内 （現所在地含む） (n=640)	同一都道府県内 (n=111)	その他国内、海外 (n=66)	候補地は未定 (n=110)
自治体による支援の充実 （補助金、税制優遇等）	59.7%	64.0%	54.5%	62.7%
土地や施設の購入・売却価格	36.1%	35.1%	33.3%	44.5%
雇用労働状況（候補地における賃金水準・ 人材確保の容易さ等）	27.0%	30.6%	50.0%	40.9%
自治体以外の主体による支援の充実 （金融機関の融資等）	28.1%	20.7%	13.6%	39.1%
土地利用規制	23.4%	27.0%	16.7%	28.2%
社会・生活環境（候補地に おける居住・通勤環境等）	19.1%	21.6%	21.2%	27.3%
契約条件（所有者、賃貸の 可否、入手可能時期等）	12.7%	15.3%	12.1%	22.7%
候補地における経済環境 （地域の物価水準・経済成長 等）	7.0%	6.3%	16.7%	8.2%
候補地における経済安全保障リスク （サプライチェーン、貿易 規制・制裁等）	5.3%	9.0%	15.2%	9.1%
為替水準	0.9%	0.0%	7.6%	3.6%
当てはまるものはない	8.8%	7.2%	6.1%	2.7%

資料： （株）野村総合研究所「地域における中小企業のデジタル化及び社会課題解決に向けた取組等に関する調査」
（注）1.ここでの「立地」とは、工場・生産施設や物流・倉庫施設、研究・開発施設等の新設・増設・移転のことを指し、購入・賃貸は問わない。
2.今後5年程度において計画している（検討中も含む）新たな立地の候補地について聞いた問いに対し、いずれかの候補地を計画している（検討中も含む）、または計画（検討）はしているが、候補地は未定と回答した者に対して聞いている。
3.複数回答のため、合計は必ずしも100%にはならない。

出所：中小企業庁編『2023年版中小企業白書』第1-5-16図、p. I -153

(b) 今後新たに立地する際に想定される課題

次に、今後5年程度において計画している（検討中も含む）新たな立地の候補地別に、新たに立地する際に想定される課題を見ると、全体的には「用地情報（所在地、価格、面積等）の収集」や「立地に要する資金の工面」が上

位に挙がっていることが確認できる。これらの課題に対しては前述のとおり、中小企業は自治体に対して積極的な情報発信や補助金・税制優遇等の支援を期待しており、自治体はこうした点を考慮したうえで、企業誘致の取組を進めていくことが重要である。また、その他国内、海外を候補地としている企業では、特に「人材の確保」を課題と捉えている割合が高く、域外からの企業の誘致に取り組む自治体では、こうした点への支援も求められるものと考えられる。

【 新たな立地の候補地別に見た、今後新たに立地する際に想定される課題 】

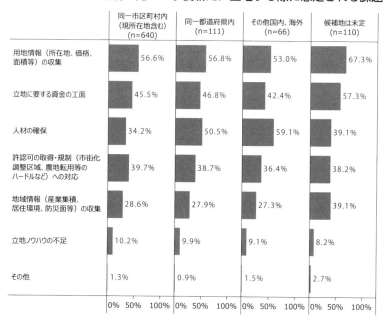

資料：（株）野村総合研究所「地域における中小企業のデジタル化及び社会課題解決に向けた取組等に関する調査」
（注）1.ここでの「立地」とは、工場・生産施設や物流・倉庫施設、研究・開発施設等の新設・増設・移転のことを指し、購入・賃貸は問わない。
2.今後5年程度において計画している（検討中も含む）新たな立地の候補地について聞いた問いに対し、いずれかの候補地を計画している（検討中も含む）、または計画（検討）はしているが、候補地は未定と回答した者に対して聞いている。
3.複数回答のため、合計は必ずしも100%にはならない。

出所：中小企業庁編『2023年版中小企業白書』第1-5-18図、p.Ⅰ-155

2 地域経済の持続的発展に向けた自治体による企業誘致の取組

　ここでは、自治体の企業誘致の取組を確認したうえで、誘致すべき産業分野を検討することの重要性などについて明らかにしていく。

　自治体が企業誘致で実施している取組と中小企業が新たな立地の際に期待する支援内容について、それぞれ上位5位までを比較すると、中小企業は補助金や税制優遇に対する期待が高く、第1位〜第5位までのすべてが補助金や税制優遇で占められている。それに対し、自治体では、「工場跡地、遊休地の紹介」が第4位に入っているほか、第2位が「雇用奨励金」となっており、自治体が企業誘致の進展により雇用増加を期待していることを反映する結果となっている。

【 自治体が企業誘致で実施している取組と中小企業が期待する支援内容 】

	自治体の取組	中小企業の期待
第1位	固定資産税の減免（**60.1%**）	固定資産税の減免（**58.3%**）
第2位	雇用奨励金（**47.5%**）	設備に対する補助金（**38.1%**）
第3位	設備に対する補助金（**45.0%**）	不動産取得税の減免（**34.2%**）
第4位	工場跡地、遊休地の紹介（**40.8%**）	事業税の減免（**32.5%**）
第5位	土地取得に対する補助金（**36.1%**）	土地取得に対する補助金（**31.9%**）

資料：（株）野村総合研究所「中小企業支援機関における支援能力向上に向けた取組等に関するアンケート」、
（株）野村総合研究所「地域における中小企業のデジタル化及び社会課題解決に向けた取組等に関する調査」
（注）複数回答のため、合計は必ずしも100%にはならない。

出所：中小企業庁編『2023年版中小企業白書』第1-5-24図、p. Ⅰ-161

　次に、自治体が今後、企業誘致に力を入れていきたい産業分野について見すると、「再生可能エネルギー・カーボンニュートラル関連（水素・アンモニア等）」や「AIチップ・半導体関連」、「5G等の情報通信関連」といった、今後成長が見込まれる産業分野が上位に挙がっていることが確認できる。自治体において、次世代の産業基盤となり得る産業分野に対して積極的に力を入れていく

姿勢が見て取れる。他方で、「農業関連（植物工場・農業参入等）」や「食関連」など、既存の特長をいかしながら企業誘致を進めていく自治体も一定程度存在することが確認できる。

【 自治体が今後、企業誘致に力を入れていきたい産業分野 】

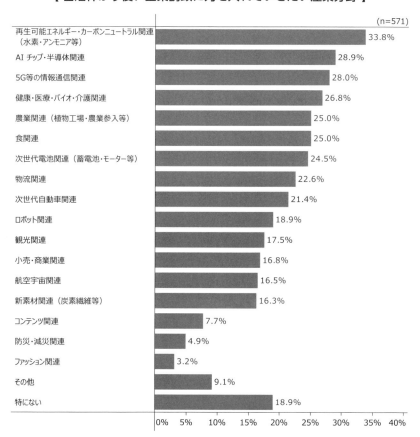

(n=571)

産業分野	割合
再生可能エネルギー・カーボンニュートラル関連（水素・アンモニア等）	33.8%
AIチップ・半導体関連	28.9%
5G等の情報通信関連	28.0%
健康・医療・バイオ・介護関連	26.8%
農業関連（植物工場・農業参入等）	25.0%
食関連	25.0%
次世代電池関連（蓄電池・モーター等）	24.5%
物流関連	22.6%
次世代自動車関連	21.4%
ロボット関連	18.9%
観光関連	17.5%
小売・商業関連	16.8%
航空宇宙関連	16.5%
新素材関連（炭素繊維等）	16.3%
コンテンツ関連	7.7%
防災・減災関連	4.9%
ファッション関連	3.2%
その他	9.1%
特にない	18.9%

資料： （株）野村総合研究所「中小企業支援機関における支援能力向上に向けた取組等に関するアンケート」
（注）複数回答のため、合計は必ずしも100%にはならない。

出所：中小企業庁編『2023年版中小企業白書』第1-5-27図、p.Ⅰ-164

論点13　成長に向けた価値創出の実現

成長に向けた価値創出の実現に向けて重要と考えられる「戦略」、「経営者」、「内部資源・体制」について確認していく。リスキリング、人材戦略、海外展開について取組状況等を押さえておきたい。

1 成長に向けた戦略

　中小企業は、大企業と比較して経営資源が乏しく、成長のためには限りある経営資源を有効活用し競争優位を築く必要がある。そのためには、競合他社と異なる価値の創出につながる戦略を策定していくことが重要であると考えられる。ここでは、成長に向けた経営戦略について取り上げていく。

① 成長に向けた戦略の策定

　直近10年間における経営戦略の策定状況を確認すると、成長企業※のうち、約7割の企業が経営戦略を策定していることがわかる。

※成長企業：2020〜2021年の売上高が2期連続で増収しているなど、感染症下においても成長している企業を「成長企業」として定義している。

　経営戦略を策定した際に、ターゲットとする市場の分析を進めた際の視点を見ると、「ターゲットとする顧客の特徴」が最も多く、次いで「競合他社の製品・商品・サービスの特徴や参入動向」となっていることがわかる。

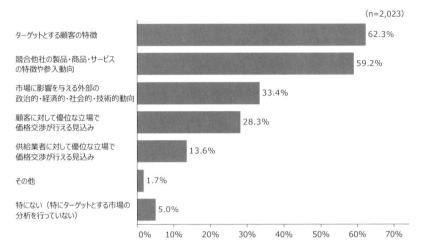

【 経営戦略策定時に、ターゲットとする市場の分析を進めた際の視点 】

(n=2,023)

項目	割合
ターゲットとする顧客の特徴	62.3%
競合他社の製品・商品・サービスの特徴や参入動向	59.2%
市場に影響を与える外部の政治的・経済的・社会的・技術的動向	33.4%
顧客に対して優位な立場で価格交渉が行える見込み	28.3%
供給業者に対して優位な立場で価格交渉が行える見込み	13.6%
その他	1.7%
特にない（特にターゲットとする市場の分析を行っていない）	5.0%

資料：（株）帝国データバンク「中小企業の成長に向けたマネジメントと企業行動に関する調査」
（注）1.直近10年間における経営戦略の策定状況について、「策定した」と回答した企業に聞いたもの。
2.複数回答のため、合計は必ずしも100%にはならない。

出所：中小企業庁編『2023年版中小企業白書』第2-1-8図、p.Ⅱ-7

② 成長に向けた戦略実行を牽引する経営者

① 経営者の成長意欲を高める取組

　経営者就任前・就任後における、経営者の成長意欲の有無を見ると、成長企業の経営者は、経営者就任前・就任後のいずれにおいても、総じて「大いにあった」、「ある程度あった」と回答していることがわかる。また、経営者就任後のほうが経営者就任前よりも「大いにあった」と回答している割合が高く、経営者に就任したことにより成長意欲を高めている様子もうかがえる。

【 経営者就任前・就任後における、経営者の成長意欲の有無 】

（１）経営者就任前

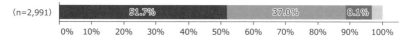

（２）経営者就任後

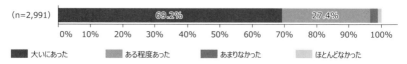

■ 大いにあった　■ ある程度あった　■ あまりなかった　□ ほとんどなかった

資料：（株）帝国データバンク「中小企業の成長に向けたマネジメントと企業行動に関する調査」
（注）ここでいう成長意欲とは、自社の成長に向けたモチベーションのことを指す。

出所：中小企業庁編『2023年版中小企業白書』第2-1-25図、p.Ⅱ-31

　また、経営者就任前・就任後において、成長意欲を高めることにつながった交流先を確認すると、経営者就任前・就任後のいずれにおいても「同業種の経営者仲間」、「異業種の経営者仲間」といった回答が上位となっている。このことから、業種を問わず、経営者仲間との積極的な交流が、経営者の成長意欲を喚起することにつながる可能性が示唆される。

② 経営者のリスキリングの取組

　近年は、デジタル化への対応が不可欠となる中で、企業が求める人材も大きく変化し、こうした人材を率いて戦略を実行する経営者に求められるスキルも変化する可能性が考えられる。こうした状況を踏まえ、経営者のリスキリングの取組状況を確認すると、「取り組んでいる」が44.6％、「取り組んでいないが、数年のうちに取り組みたい」が39.3％、「取り組んでおらず、今後も取り組む意向はない」が16.1％となっている。

　また、経営者が行っているリスキリングの取組内容を見ると、「書籍・セミナー受講等による知識の収集」、「社外での勉強会への参加」といった項目が上位に挙げられていることがわかる。

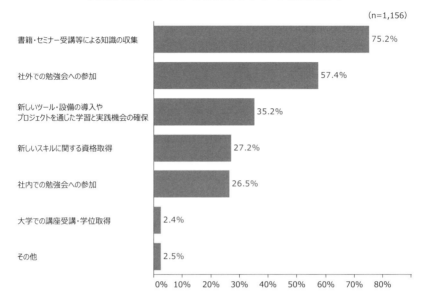

【 経営者が行っているリスキリングの取組内容 】

(n=1,156)

取組内容	割合
書籍・セミナー受講等による知識の収集	75.2%
社外での勉強会への参加	57.4%
新しいツール・設備の導入やプロジェクトを通じた学習と実践機会の確保	35.2%
新しいスキルに関する資格取得	27.2%
社内での勉強会への参加	26.5%
大学での講座受講・学位取得	2.4%
その他	2.5%

資料： （株）帝国データバンク「中小企業の成長に向けたマネジメントと企業行動に関する調査」
（注）1.ここでいうリスキリングとは、今の職業で必要とされるスキルの大幅な変化に適応するために、必要とされるスキルを獲得することを指す。
2.経営者のリスキリングの取組状況について、「取り組んでいる」と回答した企業に聞いたもの。
3.複数回答のため、合計は必ずしも100%にならない。

出所：中小企業庁編『2023年版中小企業白書』第2-1-30図、p.Ⅱ-37

　一方、役員・社員に提供しているリスキリングの機会の内容を見ると、「書籍・セミナー受講等による知識の収集」、「社外での勉強会への参加」、「新しいスキルに関する資格取得」といった項目が上位に挙げられていることがわかる。

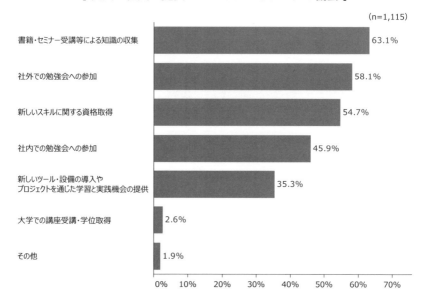

【 役員・社員に提供しているリスキリングの機会 】

(n=1,115)

- 書籍・セミナー受講等による知識の収集 　63.1%
- 社外での勉強会への参加 　58.1%
- 新しいスキルに関する資格取得 　54.7%
- 社内での勉強会への参加 　45.9%
- 新しいツール・設備の導入や
プロジェクトを通じた学習と実践機会の提供 　35.3%
- 大学での講座受講・学位取得 　2.6%
- その他 　1.9%

資料：（株）帝国データバンク「中小企業の成長に向けたマネジメントと企業行動に関する調査」
（注）1.ここでいうリスキリングとは、今の職業で必要とされるスキルの大幅な変化に適応するために、必要とされるスキルを獲得することを指す。
2.役員・社員に対するリスキリングの機会の提供状況について、「提供している」と回答した企業に聞いたもの。
3.複数回答のため、合計は必ずしも100%にならない。

出所：中小企業庁編『2023年版中小企業白書』第2-1-34図、p. Ⅱ -41

❸ 成長に向けた経営者の戦略実行を支える内部資源・体制

① 戦略実行に向けた人材戦略の策定

　企業の成長には、組織を構成する人材の確保・育成に関する戦略が重要であると考えられる。これを踏まえ、成長に向けた人材戦略について直近10年間における人材戦略の策定状況を確認すると、人材戦略を「策定した」企業が約6割となっている。

② 経営者の戦略実行を支える人材

　中小企業において戦略構想・実行の核を担っているのは経営者であるが、経営者の補佐役の存在が業績向上等に貢献するとの指摘もあり、こうした人材が企業の成長に向けて重要な役割を果たしている可能性がある。これを踏まえ、「社内において経営者に続くナンバー２の立場にあり、会社経営を行ううえで

の悩み事が相談できる等、経営者が厚い信頼を寄せる人材」を「右腕人材」、「経営者に近い立場にあり、高い専門性や事業推進力を持つ人材」を「変革人材」と定義し、経営者を支える人材について分析していく。

(a) 経営者を支える右腕人材の有無

　直近10年間における右腕人材の有無を見ると、6割以上の企業が「いた」と回答していることがわかる。また、右腕人材の経歴を見ると、「内部で育成した右腕人材」が約7割、「外部から確保した右腕人材」が約3割となっていることがわかる。

【 直近10年間における右腕人材の有無 】

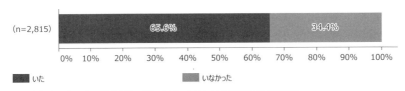

資料： （株）帝国データバンク「中小企業の成長に向けたマネジメントと企業行動に関する調査」
（注）ここでいう右腕人材とは、社内において経営者に続くナンバー2の立場にあり、会社経営を行う上での悩み事が相談できる等、経営者が厚い信頼を寄せる人材のことを指す。

出所：中小企業庁編『2023年版中小企業白書』第2-1-40図、p.Ⅱ-50

【 右腕人材の経歴 】

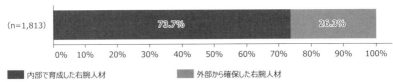

資料： （株）帝国データバンク「中小企業の成長に向けたマネジメントと企業行動に関する調査」
（注）1.直近10年間における右腕人材の有無について、「いた」と回答した企業に聞いたもの。
2.ここでいう右腕人材とは、社内において経営者に続くナンバー2の立場にあり、会社経営を行う上での悩み事が相談できる等、経営者が厚い信頼を寄せる人材のことを指す。

出所：中小企業庁編『2023年版中小企業白書』第2-1-41図、p.Ⅱ-50

　続いて、右腕人材の経歴別に、右腕人材の選定時に重要視した要素を見ると、経歴にかかわらず、「業務経験の豊富さ」を挙げている割合が最も高く、次いで「経営者、社員のそれぞれと円滑にやりとりするコミュニケーション能力」となっていることがわかる。成長企業の経営者は、豊富な経験を基に

したサポートや経営者と社員の距離を埋める役割を右腕人材に期待していることが推察される。経歴別に比較すると、「内部で育成した右腕人材」の選定時には、「自社の経営の方向性や価値観の熟知度の高さ」、「外部から確保した右腕人材」の選定時には、「保有する知識・スキルの希少性」、「物事や事業を理論的に把握・説明できる能力」、「社外のネットワークの豊富さ」を重要視した傾向が見て取れる。

【 経歴別に見た、右腕人材を選定した際に重要視した要素 】

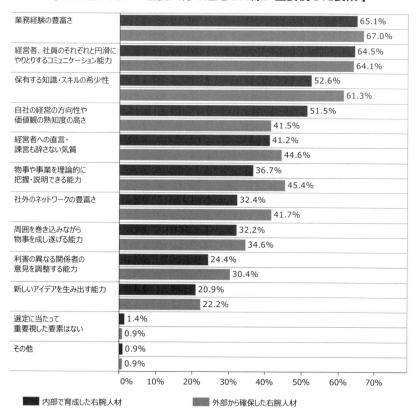

要素	内部で育成した右腕人材	外部から確保した右腕人材
業務経験の豊富さ	65.1%	67.0%
経営者、社員のそれぞれと円滑にやりとりするコミュニケーション能力	64.5%	64.1%
保有する知識・スキルの希少性	52.6%	61.3%
自社の経営の方向性や価値観の熟知度の高さ	51.5%	41.5%
経営者への直言・諫言も辞さない気質	41.2%	44.6%
物事や事業を理論的に把握・説明できる能力	36.7%	45.4%
社外のネットワークの豊富さ	32.4%	41.7%
周囲を巻き込みながら物事を成し遂げる能力	32.2%	34.6%
利害の異なる関係者の意見を調整する能力	24.4%	30.4%
新しいアイデアを生み出す能力	20.9%	22.2%
選定に当たって重要視した要素はない	1.4%	0.9%
その他	0.9%	0.9%

資料：（株）帝国データバンク「中小企業の成長に向けたマネジメントと企業行動に関する調査」
（注）1.直近10年間における右腕人材の有無について、「いた」と回答した企業に聞いたもの。
2.ここでいう右腕人材とは、社内において経営者に続くナンバー2の立場にあり、会社経営を行う上での悩み事が相談できる等、経営者が厚い信頼を寄せる人材のことを指す。
3.複数回答のため、合計は必ずしも100%にならない。
4.回答数(n)は以下のとおり。内部で育成した右腕人材 n=1,297、外部から確保した右腕人材 n=460。

出所：中小企業庁編『2023年版中小企業白書』第2-1-46図、p.Ⅱ-54

⒝ 経営者を支える変革人材

　直近10年間における変革人材の有無を見ると、内部で育成した変革人材が「いた」と回答した企業は約4割、外部から確保した変革人材が「いた」と回答した企業は約3割弱となっていることがわかる。

【 経歴別に見た、直近10年間における変革人材の有無 】

（1）内部で育成した変革人材

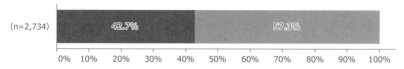

（2）外部から確保した変革人材

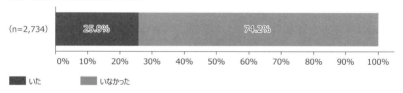

■ いた　　■ いなかった

資料：（株）帝国データバンク「中小企業の成長に向けたマネジメントと企業行動に関する調査」
（注）ここでいう変革人材は、経営者に近い立場にあり、高い専門性や事業推進力を持つ人材のことを指す。

出所：中小企業庁編『2023年版中小企業白書』第2-1-48図、p.Ⅱ-57

③ 経営者の戦略実行を推進する組織

　戦略の実行は、経営者や経営者に近い人材だけではなく、社員も含めた組織全体で取り組む必要があると考えられる。その際、組織を構成する社員が能力を発揮しやすい環境を整備することが戦略実行の推進に寄与することが考えられる。ここではその具体的な取組として、経営の透明性を高める取組と経営者からの権限委譲の取組について取り上げていく。

⒜ 経営の透明性を高める取組

　経営の透明性を高める取組の実施状況を見ると、約7割の企業が経営の透明性を高める取組を実施していることがわかる。

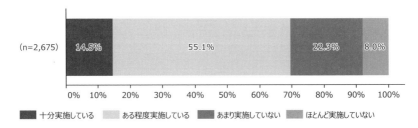

【 経営の透明性を高める取組の実施状況 】

(n=2,675)　14.5%　55.1%　22.3%　8.0%

■ 十分実施している　■ ある程度実施している　■ あまり実施していない　■ ほとんど実施していない

資料：（株）帝国データバンク「中小企業の成長に向けたマネジメントと企業行動に関する調査」
（注）ここでいう経営の透明性を高める取組とは、経営計画や経営課題、決算情報の共有、意思決定プロセスや人事制度、報酬制度の明確化等を指す。

出所：中小企業庁編『2023年版中小企業白書』第2-1-59図, p.Ⅱ-74

　また、経営の透明性を高める取組を開始したきっかけを確認すると、「従業員の増加」が最も多く、次いで「経営者の交代」、「金融機関からの借入れ」となっている。

(b) 経営者からの権限委譲の取組

　ここからは経営者からの権限委譲の状況について確認していく。従業員規模別に、経営者からの権限委譲の状況を見ると、従業員数の増加に応じて、経営者からの権限委譲が進んでいる様子が見て取れる。

【 従業員規模別に見た、経営者からの権限委譲の状況 】

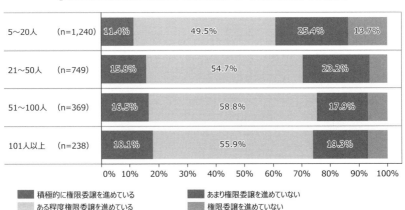

5〜20人　（n=1,240）　11.4%　49.5%　25.4%　13.7%

21〜50人　（n=749）　15.8%　54.7%　23.2%

51〜100人　（n=369）　16.5%　58.8%　17.9%

101人以上　（n=238）　18.1%　55.9%　19.3%

■ 積極的に権限委譲を進めている　■ あまり権限委譲を進めていない
■ ある程度権限委譲を進めている　■ 権限委譲を進めていない

資料：（株）帝国データバンク「中小企業の成長に向けたマネジメントと企業行動に関する調査」

出所：中小企業庁編『2023年版中小企業白書』第2-1-66図, p.Ⅱ-85

続いて、経営者からの権限委譲の状況について、具体的な業務内容別に見ると、「資金調達方針」は、経営者に権限が集中していることがわかる。他方で、「新規事業に関する方針決定」、「既存事業に関する方針決定」、「予算額」、「人事評価」、「人材の採用」、「人員の配置」は、経営層まで権限委譲が進んでいる傾向がわかる。また、「物品の購入」、「既存仕入先・販売先との取引継続」、「新規仕入先・販売先の開拓」、「業務目標の設定・管理」、「新たな製品・商品・サービスの開発」は、部長・課長クラスや主任・係長クラスまで権限委譲が進んでいる傾向が見て取れる。

【 経営者からの権限委譲の状況 (業務内容別) 】

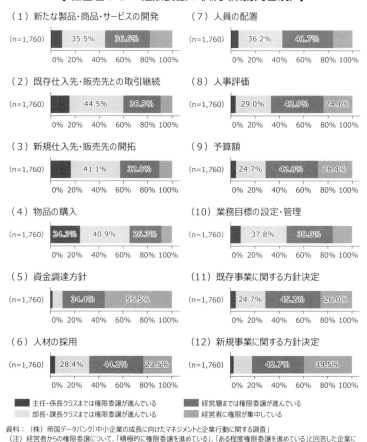

資料：（株）帝国データバンク「中小企業の成長に向けたマネジメントと企業行動に関する調査」
（注）経営者からの権限委譲について、「積極的に権限委譲を進めている」、「ある程度権限委譲を進めている」と回答した企業に聞いたもの。

出所：中小企業庁編『2023年版中小企業白書』第2-1-67図、p. Ⅱ-86

一方で、権限委譲を進めるだけでは、必ずしも社員の自律性の向上などにつながるとは限らない。そこで、経営者からの権限委譲を進めた際の、社員の動きに統一感や一貫性を持たせるための工夫・取組の内容を確認すると、「経営理念・ビジョンの共有」が最も多く、次いで「人事評価の明確化と処遇への反映」、「挑戦・失敗を敢行・許容する文化の浸透」となっていることがわかる。このような取組を行うことで、権限委譲を行うと同時に、経営理念・ビジョンの共有などを通じて、従業員の動きに統一感や一貫性を持たせることも重要といえよう。

【 経営者からの権限委譲を進めた際の、社員の動きに統一感や一貫性を持たせるための工夫・取組の内容 】

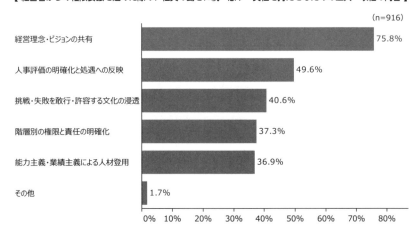

(n=916)

資料：（株）帝国データバンク「中小企業の成長に向けたマネジメントと企業行動に関する調査」
（注）1.経営者からの権限委譲を進めた際の、社員の動きに統一感や一貫性を持たせるための工夫・取組の実施有無について、「行った」と回答した企業に聞いたもの。
2.複数回答のため、合計は必ずしも100％にならない。

出所：中小企業庁編『2023年版中小企業白書』第2-1-71図、p.Ⅱ-90

(c) 新規事業創出の成功に向けた組織体制の構築

　ここでは、新規事業の創出に向けて必要となる組織体制の構築などについて確認していく。新規事業創出に取り組んだ際の、組織体制に関する工夫・取組の実施状況を見ると、「経営者が進捗管理や意思決定を担い、現場での指揮や業務の遂行は現場に任せた」が最も多く、次いで「新規事業を社内に理解させる取組を行った」となっている。

　また、新規事業創出に取り組んだ際の、既存事業に従事する社員の理解状

況別に、理解を得るための工夫・取組の実施状況を見ると、既存事業に従事する社員の理解を得られた企業は、理解を得られなかった企業と比較して、各工夫・取組を実施している傾向があることが見て取れる。特に、「新規事業に取り組む意義の共有」、「経営幹部層の戦略・計画の開示」、「新規事業に関する進捗情報の積極的な社内への発信」、「新規事業のニーズに関する顧客の声の共有」といった取組において回答割合の差が大きくなっており、こうした取組が既存事業に従事する社員の理解を高めるうえで重要である可能性が示唆される。

【 新規事業創出に取り組んだ際の、既存事業に従事する社員の
　　　　　　理解状況別に見た、理解を得るための工夫・取組の実施状況】

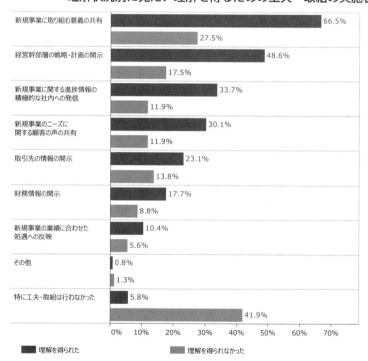

資料：（株）帝国データバンク「中小企業の成長に向けたマネジメントと企業行動に関する調査」
（注）1.ここでいう「新規事業創出」は、「新市場開拓戦略」、「新商品開発戦略」、「多角化戦略」のことを指す。
2.直近10年間において、「新市場開拓戦略」、「新商品開発戦略」、「多角化戦略」に取り組んだと回答した企業に聞いたもの。
3.「理解を得られた」は、既存事業に従事する社員の理解状況について、「大いに得られた」、「ある程度得られた」と回答した企業の合計。「理解を得られなかった」は、既存事業に従事する社員の理解状況について、「あまり得られなかった」、「ほとんど得られなかった」と回答した企業の合計。
4.回答数(n)は以下のとおり。理解を得られた：n＝1,035、理解を得られなかった：n＝160。
5.複数回答のため、合計は必ずしも100％にならない。

出所：中小企業庁編『2023年版中小企業白書』第2-1-74図、p.Ⅱ-94

❹ 成長に向けた海外展開

　前項では、成長のための経営資源と経営ガバナンスについて確認してきた。ここでは、成長に向けた具体的な取組の一つとして、中小企業・小規模事業者の海外展開の状況について確認していく。

① 中小企業・小規模事業者の海外展開の状況

　経済産業省「企業活動基本調査」を用いて、企業規模別に直接輸出企業割合、海外向けの直接投資企業割合の推移を見ると、直近で2020年度の大企業の直接輸出企業割合は28.2%、直接投資企業割合は33.0%となっている一方、中小企業の直接輸出企業割合は21.2%、直接投資企業割合は15.1%となっており、大企業と比べると、中小企業の海外展開は引き続き低水準にとどまっていることがわかる。

【 企業規模別に見た、直接輸出・直接投資企業割合の推移 】

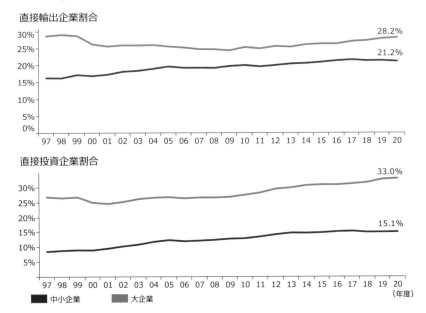

資料：経済産業省「企業活動基本調査」再編加工
（注）ここでいう直接輸出企業とは、直接外国企業との取引を行う企業である。

出所：中小企業庁編『2023年版中小企業白書』第2-1-75図、p.Ⅱ-104

続いて、(株)東京商工リサーチが実施した「中小企業が直面する経営課題に関するアンケート調査」を用いて、業種別に海外展開の実施状況を見ると、製造業において「海外展開をしている」割合が最も高く、19.3%となっている一方、不動産・物品賃貸業において「海外展開をしている」割合が最も低く、2.0%となっている。このことから、業種に応じて海外展開の実施状況に差があることがわかる。試験においては、各業種の海外展開の実施状況を確認しておくとよい。

【 業種別に見た、海外展開の実施状況 】

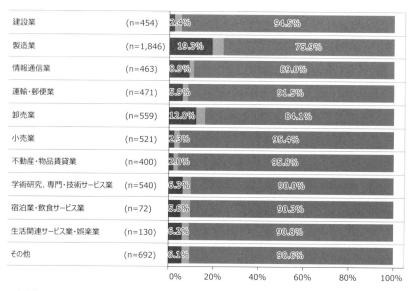

資料： (株)東京商工リサーチ「中小企業が直面する経営課題に関するアンケート調査」

出所：中小企業庁編『2023年版中小企業白書』第2-1-76図、p. Ⅱ-105

② 海外展開実施による企業業績への影響

(a) 売上高・経常利益への貢献度

海外展開を実施している企業に対して、海外展開実施による売上高・経常利益への貢献度を確認すると、海外展開が自社の売上高・経常利益に「大幅に貢献した」、「やや貢献した」と回答した割合が半数を超えており、海外展開実施は企業にとって、売上高や経常利益といった業績に好影響を与えてい

ることがわかる。

(b) 労働生産性

　続いて、経済産業省「企業活動基本調査」を用いて、輸出実施企業と輸出
非実施企業の労働生産性の推移を見ると、輸出実施企業においては、輸出非
実施企業と比べて労働生産性の水準に差が見られ、感染症流行を経ても比較
的同じ水準の差を維持していることがわかる。

【 輸出実施企業と輸出非実施企業の労働生産性 】

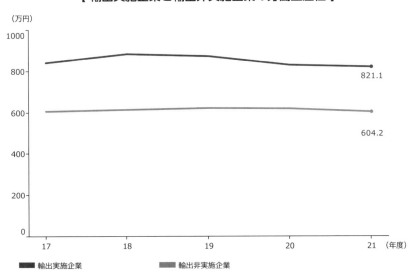

資料：経済産業省「企業活動基本調査」再編加工
（注）1.中小企業基本法の定義に基づき、中小企業のみを対象に集計している。
2.労働生産性＝国内の付加価値額/国内の従業者数で計算している。
3.2017年度から2021年度まで連続して回答している企業を集計している。

出所：中小企業庁編『2023年版中小企業白書』第2-1-79図、p. Ⅱ-108

第3章　変革の好機を捉えて成長を遂げる中小企業

論点14　新たな担い手の創出

ポイント

> 事業承継およびM&Aに着目し、事業承継前後における後継者の取組や
> M&Aで期待した成果を出すための取組について分析する。さらに、我が
> 国の起業の実態や、企業が成長していくために重要となる創業前後におけ
> る経営者の取組について確認していく。

1 事業承継・M&A

本項では、休廃業・解散と経営者の高齢化の状況を概観した後、事業承継の
現状について分析する。

① 事業承継の動向

(a) 休廃業・解散

はじめに、休廃業・解散企業の現状について確認していく。(株) 東京商
工リサーチの「休廃業・解散企業」動向調査によると、2022年の休廃業・解
散件数は49,625件で、前年比11.8%増となった。また、(株) 帝国データバ
ンクの全国企業「休廃業・解散」動向調査によると、2022年の休廃業・解散
件数は53,426件で、前年比2.3%減となった。

次に、休廃業・解散企業の業績について確認すると、2014年以降一貫
して過半数の休廃業・解散企業が黒字であったことがわかる（休廃業・解
散企業のうち、黒字企業割合は2020年61.5%、2021年56.5%、2022年
54.9%）。

(b) 経営者の高齢化

ここでは、経営者の高齢化の状況について分析する。年代別に見た中小企
業の経営者年齢の分布を確認すると、2000年に経営者年齢のピーク（最も多
い層）が「50〜54歳」であったのに対して、2015年には経営者年齢のピーク
は「65〜69歳」となっており、経営者年齢の高齢化が進んできたことがわかる。
一方で、2020年を見ると、経営者年齢の多い層が「60〜64歳」、「65〜69
歳」、「70〜74歳」に分散しており、2022年も同様の傾向を示している。こ
れまでピークを形成していた団塊世代の経営者が事業承継や廃業などにより
経営者を引退していることが示唆される。一方で、75歳以上の経営者の割

合は2022年も高まっていることから、経営者年齢の上昇に伴い事業承継を実施した企業と実施していない企業に二極化している様子が見て取れる。

【 年代別に見た、中小企業の経営者年齢の分布 】

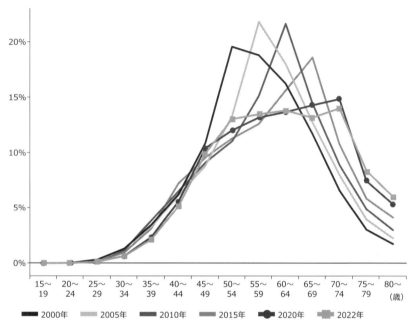

資料： （株）帝国データバンク「企業概要ファイル」再編加工
(注)「2022年」については、2022年11月時点のデータを集計している。

出所：中小企業庁編『2023年版中小企業白書』第2-2-2図、p.Ⅱ-116

(c) 後継者の確保

　後継者不在率の推移を見ると、後継者不在率は2017年の66.5％をピークに近年は減少傾向にあり、足下の2022年は57.2％と、調査を開始した2011年以降、初めて60％を下回っている。

【 後継者不在率の推移 】

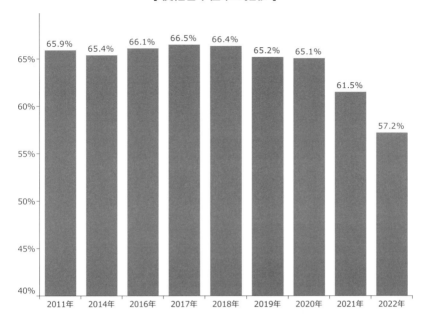

資料：（株）帝国データバンク「全国企業『後継者不在率』動向調査（2022 年）」

出所：中小企業庁編『2023年版中小企業白書』第2-2-3図、p. Ⅱ-117

　続いて、中小企業経営者の事業承継の意向や後継者の選定状況について確認する。経営者の年代別に事業承継の意向を見ると、経営者の年代が上がるにつれて、親族内・親族外にかかわらず、何らかの形で事業承継を検討している企業の割合が高くなっている。特に「子供や孫に引き継ぎたいと考えている」企業の割合はどの年代においても高く、自身の親族を後継者候補と考える中小企業経営者が多い様子がうかがえる。また各年代に占める割合は低いが、どの年代においても「誰かに引き継ぐことは考えていない・廃業を検討している」企業が一定数存在している。

　一方で、事業承継について「未定である・分からない」と回答する企業の割合は、経営者の年代が上がるにつれて減少傾向にあるものの、70歳代以上でも3割弱存在する。事業承継・引継ぎ支援センターなどの専門機関も活用しながら、事業承継を選択するか、早めに判断することが重要と考えられる。

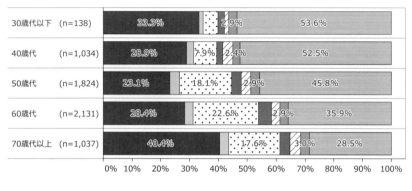

【 経営者の年代別に見た、事業承継の意向 】

30歳代以下	(n=138)	33.3%		2.9%		53.6%	
40歳代	(n=1,034)	28.9%	7.9%	2.4%		52.5%	
50歳代	(n=1,824)	23.1%	18.1%	2.9%		45.8%	
60歳代	(n=2,131)	28.4%	22.6%	2.9%		35.9%	
70歳代以上	(n=1,037)	40.4%	17.6%	3.0%		28.5%	

凡例：
- ■ 子供や孫に引き継ぎたいと考えている
- □ 子供や孫以外の親族に引き継ぎたいと考えている
- ⋯ 親族以外の役員・従業員に引き継ぎたいと考えている
- ■ 社外の第三者に引き継ぎたいと考えている
- ▨ 事業の譲渡や売却を検討している
- ■ 誰かに引き継ぐことは考えていない・廃業を検討している
- ▤ 未定である・分からない

資料： （株）東京商工リサーチ「中小企業が直面する経営課題に関するアンケート調査」
（注）ここでの「30歳代以下」とは、経営者の現在の年齢について、「24歳以下」、「25～29歳」、「30～34歳」、「35～39歳」と回答した企業を指す。「40歳代」とは、経営者の現在の年齢について、「40～44歳」、「45～49歳」と回答した企業を指す。「50歳代」とは、「50～54歳」、「55～59歳」と回答した企業を指す。「60歳代」とは、経営者の現在の年齢について、「60～64歳」、「65～69歳」と回答した企業を指す。「70歳代以上」とは、経営者の現在の年齢について、「70～74歳」、「75歳以上」と回答した企業を指す。

出所：中小企業庁編『2023年版中小企業白書』第2-2-5図、p.Ⅱ-119

　また、事業承継の意向がある企業を対象として、経営者の年代別に後継者の選定状況を見ると、経営者年齢が高くなるにつれて、後継者が「決まっている（後継者の了承を得ている）」と回答した企業の割合が増加しており、70歳代以上では、6割を超えている。

　一方で、70歳代以上の企業においても、「候補者はいるが、本人の了承を得ていない（候補者が複数の場合も含む）」、「候補者はいない、又は未定である」と回答した企業が合わせて3割を超えている。高齢の経営者でも後継者の選定が進んでいない企業が一定数存在することがわかる。

【 経営者の年代別に見た、後継者の選定状況 】

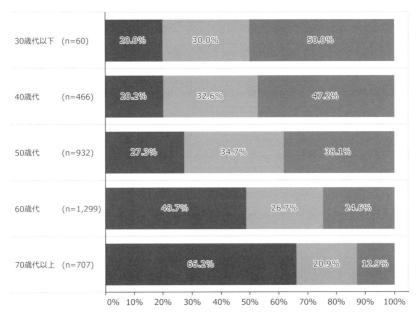

資料：（株）東京商工リサーチ「中小企業が直面する経営課題に関するアンケート調査」
（注）1.事業承継の意向について、「誰かに引き継ぐことは考えていない・廃業を検討している」、「未定である・分からない」と回答した企業以外を集計している。
2.ここでの「30歳代以下」とは、経営者の現在の年齢について、「24歳以下」、「25〜29歳」、「30〜34歳」、「35〜39歳」と回答した企業を指す。「40歳代」とは、経営者の現在の年齢について、「40〜44歳」、「45〜49歳」と回答した企業を指す。「50歳代」とは、「50〜54歳」、「55〜59歳」と回答した企業を指す。「60歳代」とは、経営者の現在の年齢について、「60〜64歳」、「65〜69歳」と回答した企業を指す。「70歳代以上」とは、経営者の現在の年齢について、「70〜74歳」、「75歳以上」と回答した企業を指す。

出所：中小企業庁編『2023年版中小企業白書』第2-2-7図、p.Ⅱ-121

② 事業承継に向けた準備

　事業承継において、経営資源を次世代へ円滑に引き継ぐだけでなく、後継者が事業承継後に自社を更に成長・発展させていくことも重要である。

(a) 事業承継の類型および現状

　事業承継ガイドラインでは、事業承継を以下の三つの類型に区分している。

【 事業承継の類型 】

類型	概要
親族内承継	● 現経営者の子をはじめとした親族に承継させる方法である。 ● 一般的に他の方法と比べて、内外の関係者から心情的に受け入れられやすいこと、後継者の早期決定により長期の準備期間の確保が可能であること、相続等により財産や株式を後継者に移転できるため所有と経営の一体的な承継が期待できるといったメリットがある。
従業員承継	● 「親族以外」の役員・従業員に承継させる方法である（以下「従業員承継」という。）。 ● 経営者としての能力のある人材を見極めて承継させることができること、社内で長期間働いてきた従業員であれば経営方針等の一貫性を保ちやすいといったメリットがある。
社外への引継ぎ（M＆A）	● 株式譲渡や事業譲渡等により社外の第三者に引き継がせる方法（以下「M＆A」という。）である。 ● 親族や社内に適任者がいない場合でも、広く候補者を外部に求めることができ、また、現経営者は会社売却の利益を得ることができる等のメリットがある。さらに、M＆Aが企業改革の好機となり、更なる成長の推進力となることもある。

出所：中小企業庁編『2023年版中小企業白書』第2-2-10図、p.Ⅱ-127

　次に、近年事業承継をした経営者の就任経緯について確認すると、親族内承継は他の類型と比べて、一貫して最も高い割合となっている。一方で、近年は減少傾向にあり、足下の2022年では従業員承継と同水準の34.0％となっている。また、社外への引継ぎの割合は2020年以降増加傾向にあり、事業承継の方法がこれまで主体であった親族への承継から、親族以外の承継へシフトしてきていることが見て取れる。

【 近年事業承継をした経営者の就任経緯 】

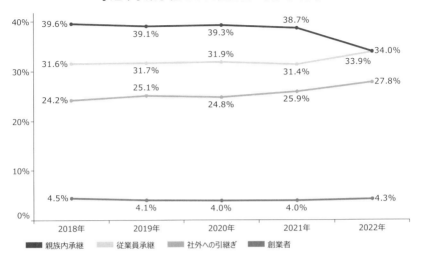

資料：（株）帝国データバンク「全国企業『後継者不在率』動向調査（2022 年）」
（注）ここでの「親族内承継」とは、「同族承継」、「従業員承継」とは、「内部昇格」、「社外への引継ぎ」とは、「買収」、「出向」、「分社化」、「外部招聘」を指す。

出所：中小企業庁編『2023 年版中小企業白書』第 2-2-11 図、p. Ⅱ-128

(b) 後継者の準備

　後継者の事業承継前の取組について分析する。事業承継の類型別に、事業承継の準備期間を見ると、「親族内承継」は、他の類型と比較して準備期間が長い傾向にあり、「5 年以上」と回答した割合が約 3 割と最も高い。

　一方で、「社外への引継ぎ」は準備期間が短い傾向にあり、「準備期間はなかった」、「1 年未満」と回答した割合が 7 割近くを占めている。ただし、準備期間が 1 年以上かかった企業も約 3 割存在しており、いずれの類型においても、事業承継には一定の準備期間が必要と考えられる。十分な準備期間を確保できるよう、早めに準備を行うことが重要であろう。

【 事業承継類型別に見た、事業承継の準備期間 】

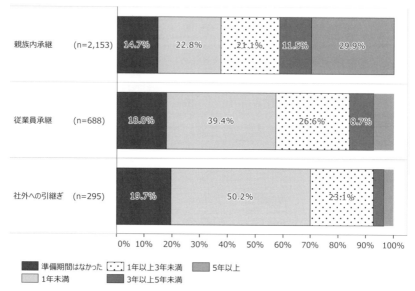

資料：（株）帝国データバンク「中小企業の事業承継・M&Aに関する調査」
（注）1.ここでの準備期間とは、「事業承継を決断してから社長就任までにかかった期間」を指す。
2.「親族内承継」は、社長の就任経緯について、「同族承継」と回答した企業を指す。「従業員承継」は、社長の就任経緯について、「内部昇格」と回答した企業を指す。「社外への引継ぎ」は、社長の就任経緯について、「買収」、「外部招へい」、「出向」、「分社化の一環」と回答した企業の合計。

出所：中小企業庁編『2023年版中小企業白書』第2-2-14図、p.Ⅱ-132

　次に、後継者が準備期間中に取り組んだことについて確認する。事業承継の類型別に、後継者の準備期間中の取組について見ると、どの類型においても、「自社の経営資源・財務状況の理解に努めた」と回答した割合が5割を超えている。また「親族内承継」においては、他の類型と比較して「現場で働き、自社の技術やノウハウ、商習慣等を学んだ」、「学校やセミナー等に通い、経営に関する知識やスキルを学んだ」と回答する割合が高い。「親族内承継」は他の類型と比較して準備期間が長く、事業承継を決めてから、各現場を回って経験を積むことや、中小企業大学校等を利用するなど、経営に関する学習を行う傾向にあることが見て取れる。

　一方、「社外への引継ぎ」については、「従業員と自社の課題等について話し合う機会を設けた」と回答する割合が高い。「社外への引継ぎ」の場合、特に社内から信認を得る必要があることから、従業員とのコミュニケーションを強化

する取組を重視している様子がうかがえる。

【 事業承継類型別に見た、後継者の準備期間中の取組 】

	親族内承継 (n=1,825)	従業員承継 (n=561)	社外への引継ぎ (n=233)
自社の経営資源・財務状況の理解に努めた	55.7%	59.4%	62.2%
現場で働き、自社の技術やノウハウ、商習慣等を学んだ	60.9%	27.6%	20.6%
自社の経営に携わり、経営に関する哲学や手法を学んだ	51.8%	43.9%	33.5%
既存取引先との顔合わせを行った	49.2%	36.7%	44.6%
自社の経営理念や経営計画の理解に努めた	40.3%	43.5%	42.5%
金融機関への挨拶・引継ぎを行った	41.5%	34.6%	25.3%
営業を担当し、新規取引先を開拓した	37.2%	24.2%	21.0%
従業員と自社の課題等について話し合う機会を設けた	36.5%	33.9%	43.8%
学校やセミナー等に通い、経営に関する知識やスキルを学んだ	23.3%	11.6%	6.4%
学校やセミナー等に通い、事業に関する技術やノウハウ等を学んだ	9.4%	3.0%	1.3%
その他	1.3%	0.7%	0.9%
特になし	4.7%	6.2%	8.2%

資料：（株）帝国データバンク「中小企業の事業承継・M&Aに関する調査」
（注）1.ここでの準備期間とは、「事業承継を決断してから社長就任までにかかった期間」を指す。
2.事業承継の準備期間について、「準備期間はなかった」と回答した企業は除いている。
3.「親族内承継」は、社長の就任経緯について、「同族承継」と回答した企業を指す。「従業員承継」は、社長の就任経緯について、「内部昇格」と回答した企業を指す。「社外への引継ぎ」は、社長の就任経緯について、「買収」、「外部招へい」、「出向」、「分社化の一環」と回答した企業の合計。
4.複数回答のため、合計は必ずしも100%にならない。

出所：中小企業庁編『2023年版中小企業白書』第2-2-15図、p.Ⅱ-133

③ 後継者の次世代の組織づくりと新たな挑戦

　ここでは、まず事業承継をきっかけとした、後継者による従業員の自主性を高める取組について分析する。次に事業承継を契機とした後継者の新しい取組を「事業再構築」とし、後継者の事業再構築が企業に与える影響や事業再構築を成功させるための取組について分析する。

（a）後継者の次世代の組織づくり

　事業承継を契機とした従業員の自主性の変化を見ると、事業承継を機に、

「従業員の自主性が十分高まった」、「従業員の自主性がやや高まった」と回答した企業は6割を超えている。

　次に、事業承継を契機とした従業員の自主性の変化別に、従業員の自主性を促す取組の実施状況を見ると、事業承継を機に従業員の自主性が高まった企業は、自主性が高まっていない企業と比較して、いずれの取組についても実施した割合が高い傾向にある。

　特に「経営理念・ビジョンの共有」や「業務の目的・目標の明確化」といった従業員へ経営の方向性を示す取組や、「従業員との定期的な面談・フィードバック」や「従業員同士が情報発信・相談できる場を提供」といった社内の風通しを良くする取組の実施割合の差異が大きい。事業承継を機に従業員の自主性を高めるうえで、上記の取組が重要な役割を果たしている様子がうかがえる。

【 事業承継を契機とした従業員の自主性の変化別に見た、従業員の自主性を促す取組の実施状況 】

（１）経営理念・ビジョンの共有

		実施した	実施していない
従業員の自主性が高まった	(n=1,936)	78.3%	21.7%
従業員の自主性が高まっていない	(n=971)	55.1%	44.9%

（２）業務の目的・目標の明確化

従業員の自主性が高まった	(n=1,936)	90.5%	9.5%
従業員の自主性が高まっていない	(n=971)	68.9%	31.1%

（３）従業員との定期的な面談・フィードバック

従業員の自主性が高まった	(n=1,936)	72.3%	27.7%
従業員の自主性が高まっていない	(n=971)	50.2%	49.8%

（４）従業員同士が情報発信・相談できる場を提供

従業員の自主性が高まった	(n=1,936)	49.5%	50.5%
従業員の自主性が高まっていない	(n=971)	29.6%	70.4%

（５）人事評価・報酬制度の見直し

従業員の自主性が高まった	(n=1,936)	76.3%	23.7%
従業員の自主性が高まっていない	(n=971)	57.7%	42.3%

（6）従業員にとって未経験の業務を任せる

従業員の自主性が高まった　（n=1,936）	58.2% / 41.8%
従業員の自主性が高まっていない　（n=971）	39.6% / 60.4%

（7）経営情報の社内開示

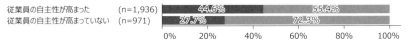

従業員の自主性が高まった　（n=1,936）	55.8% / 44.2%
従業員の自主性が高まっていない　（n=971）	38.2% / 61.8%

（8）改善提案制度の導入

従業員の自主性が高まった　（n=1,936）	44.6% / 55.4%
従業員の自主性が高まっていない　（n=971）	27.7% / 72.3%

（9）従業員主導の委員会・プロジェクトチームの設置

従業員の自主性が高まった　（n=1,936）	36.4% / 63.6%
従業員の自主性が高まっていない　（n=971）	21.6% / 78.4%

■ 実施した　　■ 実施していない

資料：（株）帝国データバンク「中小企業の事業承継・M&Aに関する調査」
（注）ここでの「従業員の自主性が高まった」は、事業承継後、事業承継前と比較して、従業員が組織の目標達成に向けて、自主的に考えて、行動するようになったか尋ねた質問で「十分当てはまる」、「ある程度当てはまる」と回答した企業を指す。「従業員の自主性が高まっていない」は上記の質問で「どちらとも言えない」、「あまり当てはまらない」、「全く当てはまらない」と回答した企業を指す。

出所：中小企業庁編『2023年版中小企業白書』第2-2-24図、p.Ⅱ-145

(b) 後継者の事業再構築

　後継者による事業再構築の取組状況について確認すると、約6割の企業が事業承継を機に事業再構築に取り組んでいる。

　続いて、事業再構築を進めるうえでの課題について見ると、「人材の確保」と回答する企業が5割を超えており、人材面で課題を感じている後継者が多いことがわかる。また、「新たな技術・ノウハウの獲得」や「新しい取組に関する情報収集」の回答割合も次いで高くなっており、事業再構築を行ううえで自社にない新しい技術や情報を求めている様子もうかがえる。

【 事業再構築を進めるうえでの課題 】

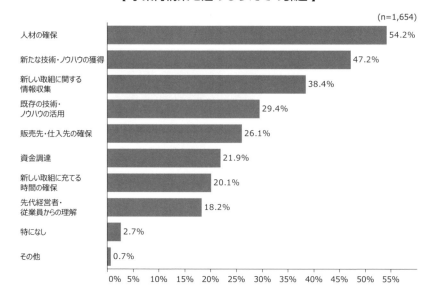

(n=1,654)

- 人材の確保 — 54.2%
- 新たな技術・ノウハウの獲得 — 47.2%
- 新しい取組に関する情報収集 — 38.4%
- 既存の技術・ノウハウの活用 — 29.4%
- 販売先・仕入先の確保 — 26.1%
- 資金調達 — 21.9%
- 新しい取組に充てる時間の確保 — 20.1%
- 先代経営者・従業員からの理解 — 18.2%
- 特になし — 2.7%
- その他 — 0.7%

資料：（株）帝国データバンク「中小企業の事業承継・M&Aに関する調査」
（注）1.ここでいう事業再構築とは、新たな製品を製造又は新たな商品若しくはサービスを提供すること、製品又は商品若しくはサービスの製造方法又は提供方法を相当程度変更することを指す。
2.事業再構築の取組状況について、「特に実施していない」と回答した企業は除いている。
3.複数回答のため、合計は必ずしも100％にならない。

出所：中小企業庁編『2023年版中小企業白書』第2-2-32図、p.Ⅱ-156

④ M&A

事業承継の手段として「社外への引継ぎ」は増加傾向にある。その中でも特にM&Aについては、事業承継だけでなく、企業規模の拡大や事業多角化など成長戦略の一環としても、中小企業の間で広がりを見せている。また近年では、M&Aの目的を実現させ、その効果を最大化するため、M&A成立後に行われる統合に向けた作業（PMI）を重視する動きも出ている。そこでここでは、はじめにM&Aの動向を概観した後、M&Aの効果を発揮するために必要なM&A成立前後の取組について分析を行う。

(a) M&Aの動向

我が国企業のM&A件数の推移を見ると、M&Aの件数は近年増加傾向で推移しており、2022年は過去最多の4,304件となった。これはあくまでも公表されている件数であるが、M&Aについては未公表のものも一定数存在

することを考慮すると、我が国におけるM&Aは更に活発化していることが推察される。

【 M&A件数の推移 】

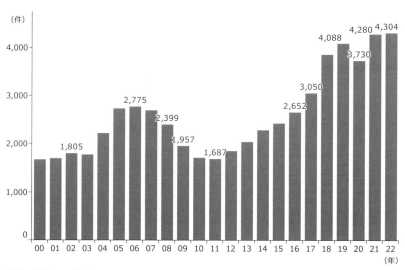

資料：（株）レコフデータ調べ

出所：中小企業庁編『2023年版中小企業白書』第2-2-42図 p. Ⅱ -173

　また、第三者に事業を引き継ぐ意向がある中小企業者と、他社から事業を譲り受けて事業の拡大を目指す中小企業者等からの相談を受け付け、マッチングの支援等を行う支援機関として、事業承継・引継ぎ支援センターが全都道府県に設置されている。事業承継・引継ぎ支援センターの相談社数と第三者承継に関する成約件数の推移を見ると、相談社数・成約件数共に近年増加傾向にあることがわかる。このことから大企業だけでなく、中小企業においてもM&A件数が増加していることがわかる。

【 事業承継・引継ぎ支援センターの相談社数・成約件数の推移 】

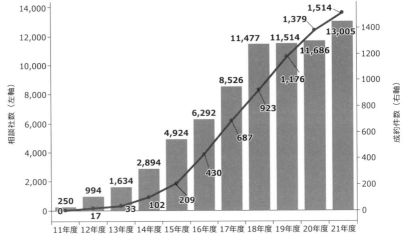

資料： （独）中小企業基盤整備機構調べ
(注)1.事業承継・引継ぎ支援センターは、第三者承継支援を行っていた「事業引継ぎ支援センター」に、親族内承継支援を行っていた「事業承継ネットワーク」の機能を統合し、2021年4月より活動を開始している。そのため、2011年度から2020年度は事業引継ぎ支援センターの件数、2021年度は事業承継・引継ぎ支援センターの件数として集計している。
2.事業引継ぎ支援センターは、2011年度に7か所設置され、2013年度：10か所（累計）、2014年度：16か所（累計）、2015年度：46か所（累計）、2016年度：47か所（累計）となり、2017年度に48か所の体制となった。
3.2011年度から2020年度までの相談社数については、第三者承継のほか、従業員承継等に関する相談も一部含まれている。また、2021年度の相談社数については第三者承継のみの数値を集計している。

出所：中小企業庁編『2023年版中小企業白書』第2-2-43図、p. Ⅱ -174

(b) M&A成立前までの取組

　　買い手としてM&Aに関心がある企業を対象に、希望するM&Aの相手先企業の特徴について見ると、相手先企業の規模としては「自社より小規模」、業種としては「同業種」、属性としては「仕入先・協力会社」、地域としては「同一都道府県」・「近隣都道府県」など比較的近隣の地域、形態としては「水平統合型」を希望する傾向にある。

【 希望するM&Aの相手先企業の特徴（買い手）】

（1）M&Aの相手先企業の規模

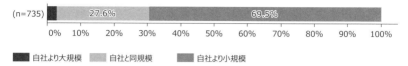

（2）M&Aの相手先企業の業種

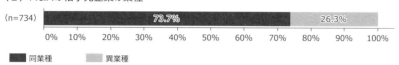

（3）M&Aの相手先企業の属性

（4）M&Aの相手先企業の地域

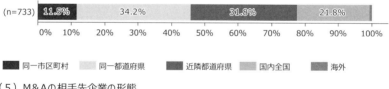

（5）M&Aの相手先企業の形態

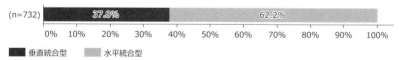

資料：（株）帝国データバンク「中小企業の事業承継・M&Aに関する調査」
（注）1.「買い手としてM&Aに関心」と回答した企業のみを集計している。
2.ここでの「垂直統合型」とは、同業種同業態企業との統合を指す。「水平統合型」とは、商流の川上や川下企業との統合を指す。

出所：中小企業庁編『2023年版中小企業白書』第2-2-44図、p.Ⅱ-175

　買い手としてM&Aに関心がある企業を対象に、M&Aの目的を見ると、「売上・市場シェア拡大」が最も高く、7割を超えている。また「新事業展開・異業種への参入」と回答する割合も3番目に高く、M&Aを企業規模拡大や事業多角化といった成長戦略の一環として捉えている企業が多いことが示唆される。

また、「人材の獲得」が5割を超えており、M&Aを人材獲得の手段として捉えている企業も存在すると考えられる。

【 M&Aの目的（買い手） 】

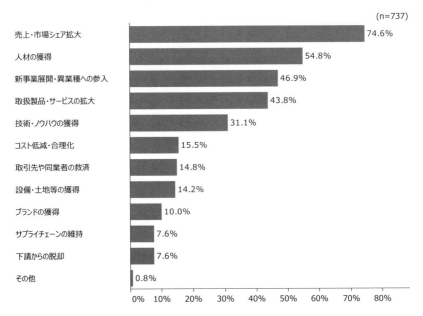

(n=737)

売上・市場シェア拡大	74.6%
人材の獲得	54.8%
新事業展開・異業種への参入	46.9%
取扱製品・サービスの拡大	43.8%
技術・ノウハウの獲得	31.1%
コスト低減・合理化	15.5%
取引先や同業者の救済	14.8%
設備・土地等の獲得	14.2%
ブランドの獲得	10.0%
サプライチェーンの維持	7.6%
下請からの脱却	7.6%
その他	0.8%

資料：（株）帝国データバンク「中小企業の事業承継・M&Aに関する調査」
（注）1.「買い手としてM&Aに関心」と回答した企業を集計している。
2.複数回答のため、合計は必ずしも100%にならない。

出所：中小企業庁編『2023年版中小企業白書』第2-2-45図、p.Ⅱ-176

　次に、買い手としてM&Aに関心がある企業を対象に、M&Aを実施する際の障壁を確認すると、「相手先従業員等からの理解が得られるか不安がある」と回答した割合が5割以上と最も高い。M&A成立前の段階から「相手先経営者や従業員の人柄・価値観」を確認しておくことが、不安の解消につながる可能性が考えられる。また、「判断材料としての情報が不足している」、「期待する効果が得られるかよくわからない」、「相手先（売り手）企業が見つからない」と回答した割合がそれぞれ3割を超えており、M&Aに関する情報不足や期待した効果を得られるか不明瞭である点を障壁と感じている企業も多いことがうかがえる。

【 M&Aを実施する際の障壁 (買い手) 】

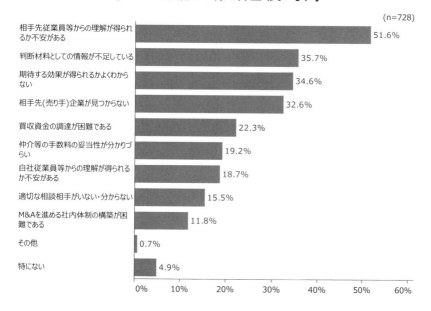

(n=728)

項目	割合
相手先従業員等からの理解が得られるか不安がある	51.6%
判断材料としての情報が不足している	35.7%
期待する効果が得られるかよくわからない	34.6%
相手先(売り手)企業が見つからない	32.6%
買収資金の調達が困難である	22.3%
仲介等の手数料の妥当性が分かりづらい	19.2%
自社従業員等からの理解が得られるか不安がある	18.7%
適切な相談相手がいない・分からない	15.5%
M&Aを進める社内体制の構築が困難である	11.8%
その他	0.7%
特にない	4.9%

資料： （株）帝国データバンク「中小企業の事業承継・M&Aに関する調査」
（注） 1.M＆Aを実施する際の障壁（買い手）については、「買い手としてM＆Aに関心」と回答した企業を集計している。
2.複数回答のため、合計は必ずしも100％にならない。

出所：中小企業庁編『2023年版中小企業白書』第2-2-47図、p.Ⅱ-178

(c) M&A成立前後の統合作業

　M&Aにおいて買い手の立場としては、円滑な組織融合や期待した効果の発現等を懸念している様子がうかがえる。これらの懸念を解消するためには、デュー・ディリジェンスを始めとするM&A成立前の取組のほか、M&A成立後のPMIを通じた円滑な統合が重要と考えられる。

　まず、中小企業におけるPMIの認知度を確認すると、PMIについて「聞いたことがない」と回答した企業が7割を超えており、中小企業の大半がPMIを認知していない状況にあることがわかる。

　続いて、買い手としてM&Aを実施した企業を対象に、PMIを実施する際の課題について確認すると、経営統合時の課題として、「自社従業員と相手先従業員の一体感の醸成」が50.3％と最も高く、次いで「相手先従業員のモチベーション向上」が47.2％となっている。経営統合の際、相手先企業の従

業員に関する課題を抱える中小企業が多いと推察される。

【 PMIを実施する際の課題 】

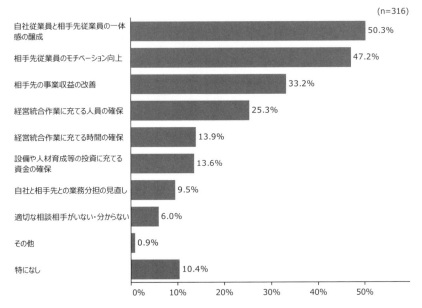

(n=316)

資料：（株）帝国データバンク「中小企業の事業承継・M&Aに関する調査」
（注）1.M＆Aを「実施した（買い手として）」と回答した企業を集計している。
2.複数回答のため、合計は必ずしも100%にならない。

出所：中小企業庁編『2023年版中小企業白書』第2-2-52図、p.Ⅱ-184

2 起業・創業

① 起業・創業の動向

ここでは、各種統計や調査を用いて、我が国の起業の実態を時系列で見ていく。加えて、経営者が感じる起業に対する満足度の状況や、創業当時に抱えていた起業の目的や課題などについても確認していく。

(a) 我が国の起業の実態

はじめに、我が国の開業率および廃業率について現状把握を行う。我が国の開業率・廃業率の推移について見ると、開業率は、1988年度をピークとして低下傾向に転じた後、2000年代を通じて緩やかな上昇傾向で推移してきたが、2018年度に再び低下。足下では4.4%となっている。廃業率は、

1996年度以降増加傾向で推移していたが、2010年度からは低下傾向で推移
している。

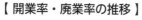

【 開業率・廃業率の推移 】

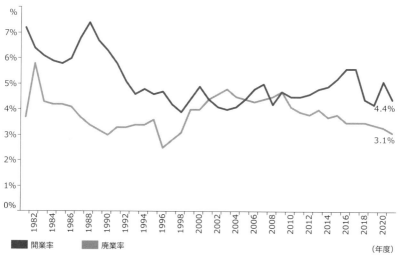

資料：厚生労働省「雇用保険事業年報」のデータを基に中小企業庁が算出
（注）1.開業率は、当該年度に雇用関係が新規に成立した事業所数／前年度末の適用事業所数である。
2.廃業率は、当該年度に雇用関係が消滅した事業所数／前年度末の適用事業所数である。
3.適用事業所とは、雇用保険に係る労働保険の保険関係が成立している事業所数である
（雇用保険法第５条）。

出所：中小企業庁編『2023年版中小企業白書』第2-2-54図、p.Ⅱ-188

　続いて、業種別に開廃業の状況を見る。開業率について見ると、「宿泊業、
飲食サービス業」が最も高く、「生活関連サービス業、娯楽業」、「情報通信
業」と続いている。また、廃業率について見ると、「宿泊業、飲食サービス業」
が最も高く、「生活関連サービス業、娯楽業」、「小売業」が続いている。開
業率と廃業率が共に高く、事業所の入れ替わりが盛んな業種は「宿泊業、飲
食サービス業」、「生活関連サービス業、娯楽業」であることが分かる。一方
で、開業率と廃業率が共に低い業種は、「運輸業、郵便業」、「鉱業、採石業、
砂利採取業」、「複合サービス事業」となっている。

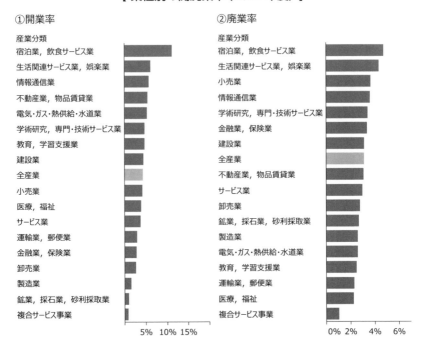

【 業種別の開廃業率（2021年度）】

①開業率

産業分類	
宿泊業，飲食サービス業	
生活関連サービス業，娯楽業	
情報通信業	
不動産業，物品賃貸業	
電気・ガス・熱供給・水道業	
学術研究，専門・技術サービス業	
教育，学習支援業	
建設業	
全産業	
小売業	
医療，福祉	
サービス業	
運輸業，郵便業	
金融業，保険業	
卸売業	
製造業	
鉱業，採石業，砂利採取業	
複合サービス事業	

5% 10% 15%

②廃業率

産業分類	
宿泊業，飲食サービス業	
生活関連サービス業，娯楽業	
小売業	
情報通信業	
学術研究，専門・技術サービス業	
金融業，保険業	
建設業	
全産業	
不動産業，物品賃貸業	
サービス業	
卸売業	
鉱業，採石業，砂利採取業	
製造業	
電気・ガス・熱供給・水道業	
教育，学習支援業	
運輸業，郵便業	
医療，福祉	
複合サービス事業	

0% 2% 4% 6%

資料：厚生労働省「雇用保険事業年報」のデータを基に中小企業庁が算出
（注）1.開業率は、当該年度に雇用関係が新規に成立した事業所数／前年度末の適用事業所数である。
2.廃業率は、当該年度に雇用関係が消滅した事業所数／前年度末の適用事業所数である。
3.適用事業所とは、雇用保険に係る労働保険の保険関係が成立している事業所数である
（雇用保険法第5条）。

出所：中小企業庁編『2023年版中小企業白書』第2-2-55図、p. II -189

　　総務省・経済産業省「経済センサス-活動調査」を再編加工し、企業の社齢別に、常用雇用者数の純増数について見ると、企業年齢が若いほど、常用雇用者純増数が大きくなっており、多くの雇用を生み出していることがわかる。起業・創業を促していくことの意義は、雇用創出の観点からも大きいと考えられる。

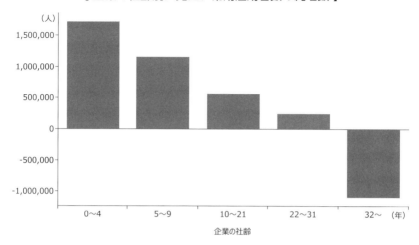

【 企業の社齢別に見た、常用雇用者数の純増数 】

資料：総務省・経済産業省「平成24年、平成28年経済センサス−活動調査」再編加工
（注）1.会社以外の法人及び農林漁業は除いている。
2.事業所が複数ある企業の場合は、事業所開設時期が最も古い値を社齢とし、以降開設した事業所における雇用者数も集計している。
3.経済センサスの事業所開設時期は、「昭和59年以前」、「昭和60〜平成6年」、「平成7〜平成16年」、「平成17年以降」で調査されている。また、「平成17年以降」については、開設年の数値回答を用いて集計している。
4.社齢が3年以内の企業については、事業所を移転した存続企業による雇用者数の増加が含まれている点に留意する必要がある。
5.社齢が4年の企業については、「平成24年経済センサス−活動調査」で把握できなかった企業の雇用者数が含まれている点に留意する必要がある。

出所：中小企業庁編『2023年版中小企業白書』第2-2-57図、p.Ⅱ-191

(b) 起業の目的や直面する課題

　経営者の年代別の起業の目的を確認すると、各年代において「仕事の経験・技術・知識・資格等をいかすため」、「自分の裁量で自由に仕事をするため」と回答する割合が高いことがわかる。

　続いて、起業の準備段階で生じた課題を経営者の年代別に見ると、全体では、「事業に必要な専門知識、経営に関する知識・ノウハウが不足していた」と回答した割合が高く、次いで、「資金調達方法の目処がつかなかった」が高いことがわかる。年代別に見ると、30歳代以下において、事業・経営に必要な専門知識・ノウハウの不足の回答割合が特に高くなっており、起業の障壁となっている様子がうかがえる。

【 経営者の年代別に見た、起業の準備段階で生じた課題 】

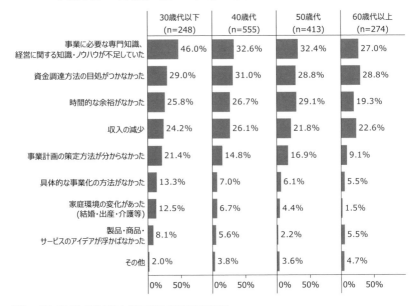

	30歳代以下 (n=248)	40歳代 (n=555)	50歳代 (n=413)	60歳代以上 (n=274)
事業に必要な専門知識、経営に関する知識・ノウハウが不足していた	46.0%	32.6%	32.4%	27.0%
資金調達方法の目処がつかなかった	29.0%	31.0%	28.8%	28.8%
時間的な余裕がなかった	25.8%	26.7%	29.1%	19.3%
収入の減少	24.2%	26.1%	21.8%	22.6%
事業計画の策定方法が分からなかった	21.4%	14.8%	16.9%	9.1%
具体的な事業化の方法がなかった	13.3%	7.0%	6.1%	5.5%
家庭環境の変化があった（結婚・出産・介護等）	12.5%	6.7%	4.4%	1.5%
製品・商品・サービスのアイデアが浮かばなかった	8.1%	5.6%	2.2%	5.5%
その他	2.0%	3.8%	3.6%	4.7%

資料： （株）帝国データバンク「中小企業の起業・創業に関する調査」
（注）1.複数回答のため、合計は必ずしも100%にはならない。
2.起業の準備段階で生じた課題について、「課題はなかった」と回答した企業を含む合計に対する割合を集計している。なお、「課題はなかった」は表示していない。

出所：中小企業庁編『2023年版中小企業白書』第2-2-61図、p.Ⅱ-195

② 起業・創業に向けた取組

(a) 経営者の能力・強みや経験

　まず、経営者が創業時に身につけていた、経営に関する能力・強みの有無を確認すると、「業界に関する知識・経験」の回答割合が最も高く、次いで、「リーダーシップ」、「取引先拡大に向けた営業力」と続いている。

　次に、売上高成長率の分布別に、各能力の保有状況を確認すると、「取引先拡大に向けた営業力」、「マーケティング能力」、「リーダーシップ」といった能力は、高い成長率の企業と低い成長率の企業で保有割合の差が大きくなっていることから、創業時までにこれら能力を獲得することが重要である可能性が考えられる。

【 売上高成長率の水準別に見た、経営者が創業時に身につけていた能力・強み 】

①業界に関する知識・経験

		持っている	持っていない
高	(n=360)	81.7%	18.3%
やや高	(n=439)	84.7%	15.3%
やや低	(n=501)	77.6%	22.4%
低	(n=465)	74.4%	25.6%

②リーダーシップ

		持っている	持っていない
高	(n=358)	83.0%	17.0%
やや高	(n=440)	79.5%	20.5%
やや低	(n=499)	77.8%	22.2%
低	(n=464)	68.3%	31.7%

③取引先拡大に向けた営業力

		持っている	持っていない
高	(n=362)	75.1%	24.9%
やや高	(n=433)	74.1%	25.9%
やや低	(n=495)	62.2%	37.8%
低	(n=465)	52.9%	47.1%

④製品・サービス等の知識、企画・開発の能力

		持っている	持っていない
高	(n=356)	70.5%	29.5%
やや高	(n=436)	67.0%	33.0%
やや低	(n=494)	63.0%	37.0%
低	(n=463)	59.0%	41.0%

⑤組織や従業員の管理能力

		持っている	持っていない
高	(n=359)	68.0%	32.0%
やや高	(n=435)	66.7%	33.3%
やや低	(n=495)	63.0%	37.0%
低	(n=463)	58.7%	41.3%

⑥事業計画の策定能力

		持っている	持っていない
高	(n=360)	63.1%	36.9%
やや高	(n=441)	57.8%	42.2%
やや低	(n=497)	50.1%	49.9%
低	(n=467)	52.2%	47.8%

⑦従業員の育成能力

		持っている	持っていない
高	(n=357)	59.4%	40.6%
やや高	(n=435)	56.3%	43.7%
やや低	(n=494)	54.3%	45.7%
低	(n=461)	51.0%	49.0%

⑧マーケティング能力

		持っている	持っていない
高	(n=354)	61.0%	39.0%
やや高	(n=435)	57.2%	42.8%
やや低	(n=497)	48.1%	51.9%
低	(n=464)	45.5%	54.5%

⑨経営について相談できるネットワーク

		持っている	持っていない
高	(n=358)	55.3%	44.7%
やや高	(n=437)	56.3%	43.7%
やや低	(n=498)	47.2%	52.8%
低	(n=462)	44.8%	55.2%

⑩生産・製造等の技術力

		持っている	持っていない
高	(n=358)	41.9%	58.1%
やや高	(n=438)	47.9%	52.1%
やや低	(n=498)	49.2%	50.8%
低	(n=462)	40.0%	60.0%

⑪決算書などの計数管理能力

		持っている	持っていない
高	(n=358)	46.1%	53.9%
やや高	(n=440)	43.0%	57.0%
やや低	(n=498)	33.7%	66.3%
低	(n=465)	37.4%	62.6%

⑫広告宣伝等のプロモーション能力

		持っている	持っていない
高	(n=356)	36.8%	63.2%
やや高	(n=432)	27.1%	72.9%
やや低	(n=494)	23.1%	76.9%
低	(n=460)	27.8%	72.2%

⑬IT・デジタル化に関する能力

		持っている	持っていない
高	(n=360)	35.3%	64.7%
やや高	(n=434)	30.9%	69.1%
やや低	(n=496)	32.9%	67.1%
低	(n=460)	33.9%	66.1%

⑭税務・法務等各種手続き等の実務能力

		持っている	持っていない
高	(n=359)	25.1%	74.9%
やや高	(n=438)	26.3%	73.7%
やや低	(n=496)	22.4%	77.6%
低	(n=464)	26.7%	73.3%

持っている　持っていない

資料：（株）帝国データバンク「中小企業の起業・創業に関する調査」
（注）売上高成長率は、創業時からの営業年数別に、2021年時点までの売上高の伸びが高い企業を上位から25%ごとに、4区分に分類し、「高」、「やや高」、「やや低」、「低」として集計している。

出所：中小企業庁編『2023年版中小企業白書』第2-2-64図、p.Ⅱ-201

（b）創業時における人材確保

　創業時の人材確保状況別に、売上高成長率の分布を確認すると、人数面、能力面のそれぞれにおいて、創業時に確保できているほど、売上高成長率が高い企業の割合が多くなることがわかる。

　また、創業期に確保した重要度の高い人材を見ると、「経営者を補佐する右腕人材」が最も多く、次いで「営業・販売に長けた人材」、「定型業務を行う人材」が多いことがわかる。

【 創業期に確保した重要度の高い人材 】

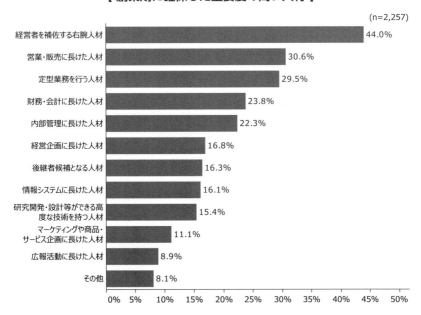

(n=2,257)

人材	割合
経営者を補佐する右腕人材	44.0%
営業・販売に長けた人材	30.6%
定型業務を行う人材	29.5%
財務・会計に長けた人材	23.8%
内部管理に長けた人材	22.3%
経営企画に長けた人材	16.8%
後継者候補となる人材	16.3%
情報システムに長けた人材	16.1%
研究開発・設計等ができる高度な技術を持つ人材	15.4%
マーケティングや商品・サービス企画に長けた人材	11.1%
広報活動に長けた人材	8.9%
その他	8.1%

資料：（株）帝国データバンク「中小企業の起業・創業に関する調査」
（注）1.複数回答のため、合計は必ずしも100％にはならない。
2.ここでの創業期は「起業の準備段階から創業後3か月未満」の期間を指す。

出所：中小企業庁編『2023年版中小企業白書』第2-2-68図、p.Ⅱ-205

（c）企業の成長を促す資金調達

　開業資金の規模別に、売上高成長率と従業員数増加率の分布を確認すると、開業資金の規模が大きいほど、売上高成長率と従業員数増加率の高い企業の割合が多いことがわかる。開業資金の規模が、その後の売上高の成長率や従

業員数の増加率に寄与する可能性が示唆される。

　続いて、開業資金の規模別に、外部からの資金調達の有無について確認すると、開業資金の規模が大きくなるほど、外部からの資金調達を行っている割合が高くなっており、開業資金を十分に確保するうえでは、自己資金だけでなく外部機関から資金を調達することが必要となっている様子がうかがえる。

(d) 経営者保証

　経営者保証は、経営の規律付けや信用補完として資金調達の円滑化に寄与する等といったプラス面がある一方、スタートアップの創業等を躊躇させる等といったマイナス面があるなど、さまざまな課題が存在している。このような課題の解決に向けて、従来から「経営者保証に関するガイドライン」の活用促進等を進めている。

【 経営者保証の提供に伴う影響 (事業者アンケート) 】

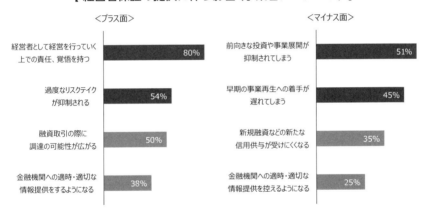

(注)　影響があると回答した割合は、「かなり影響がある」、「それなりに影響がある」と回答した者の割合の和。
　　　調査対象は、地域銀行をメインバンクとする中小・小規模企業で有効回答数は、9,371社（選択肢ごとに変動あり）。調査時期は2019年3月。
(出所)　金融庁「金融機関の取組みの評価に関する企業アンケート調査」（2019年11月）より作成。

出所：中小企業庁編『2023年版中小企業白書』コラム2-2-4①図、p. Ⅱ-212

(e) 創業時における差別化の重要性

　企業が成長していくうえでは、差別化を行い、競合他社の少ない市場へ進出していくことが重要となる。創業時に実施した差別化の取組内容を確認すると、「製品・サービスの高機能化」、「類似のない新製品・サービスの開発」と回答する企業の割合が高いことがわかる。

【 創業時に実施した差別化の取組内容 】

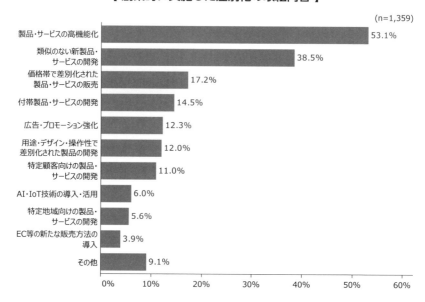

(n=1,359)

項目	割合
製品・サービスの高機能化	53.1%
類似のない新製品・サービスの開発	38.5%
価格帯で差別化された製品・サービスの販売	17.2%
付帯製品・サービスの開発	14.5%
広告・プロモーション強化	12.3%
用途・デザイン・操作性で差別化された製品の開発	12.0%
特定顧客向けの製品・サービスの開発	11.0%
AI・IoT技術の導入・活用	6.0%
特定地域向けの製品・サービスの開発	5.6%
EC等の新たな販売方法の導入	3.9%
その他	9.1%

資料：（株）帝国データバンク「中小企業の起業・創業に関する調査」
（注）複数回答のため、合計は必ずしも100%にならない。

出所：中小企業庁編『2023年版中小企業白書』第2-2-74図、p.Ⅱ-215

③ 起業・創業後の取組

　経営者が身につけている能力・強みについて、創業時と現在時点で比較すると、能力・強みの内容について、創業時から現在にかけて「持っている」と回答した割合はすべての項目で増加していることがわかる。また、増加割合が大きい上位の項目について着目すると、「決算書などの計数管理能力」、「税務・法務等各種手続き等の実務能力」、「経営について相談できるネットワーク」、「事業計画の策定能力」の順に高くなっていることがわかる。特に、社内の計数管理や税務・法務等の能力、事業計画の策定に対する能力や、外部に経営課題について相談するネットワークについて、その重要性を経営者が認識し、獲得に向けて取り組んでいることが示唆される。

【 創業時と現在における、経営者が身につけている能力・強みの比較 】

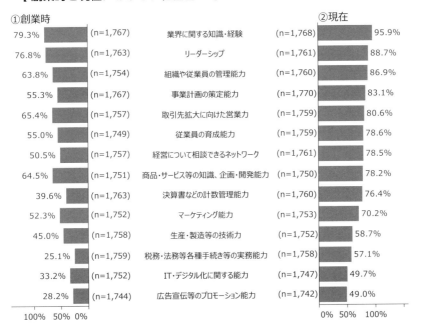

①創業時

		②現在
79.3% (n=1,767)	業界に関する知識・経験	(n=1,768) 95.9%
76.8% (n=1,763)	リーダーシップ	(n=1,761) 88.7%
63.8% (n=1,754)	組織や従業員の管理能力	(n=1,760) 86.9%
55.3% (n=1,767)	事業計画の策定能力	(n=1,770) 83.1%
65.4% (n=1,757)	取引先拡大に向けた営業力	(n=1,759) 80.6%
55.0% (n=1,749)	従業員の育成能力	(n=1,759) 78.6%
50.5% (n=1,757)	経営について相談できるネットワーク	(n=1,761) 78.5%
64.5% (n=1,751)	商品・サービス等の知識、企画・開発能力	(n=1,750) 78.2%
39.6% (n=1,763)	決算書などの計数管理能力	(n=1,760) 76.4%
52.3% (n=1,752)	マーケティング能力	(n=1,753) 70.2%
45.0% (n=1,758)	生産・製造等の技術力	(n=1,752) 58.7%
25.1% (n=1,759)	税務・法務等各種手続き等の実務能力	(n=1,758) 57.1%
33.2% (n=1,752)	IT・デジタル化に関する能力	(n=1,747) 49.7%
28.2% (n=1,744)	広告宣伝等のプロモーション能力	(n=1,742) 49.0%

100% 50% 0%   0% 50% 100%

資料： （株）帝国データバンク「中小企業の起業・創業に関する調査」
（注）各能力・強みについて、「持っている」と回答した割合について集計している。

出所：中小企業庁編『2023年版中小企業白書』第2-2-79図、p.Ⅱ-222

論点15　中小企業・小規模事業者の共通基盤

ポイント

ここでは、受注単価、コスト、価格転嫁の状況、中小企業のデジタル化の状況、支援機関における支援の状況等についてグラフを中心に押さえておきたい。

1 取引適正化と価格転嫁

① 企業間取引の動向

　ここでは、中小企業・小規模事業者における企業間取引と価格転嫁の状況を確認する。

(a) 受注量の状況

　最も多く取引している販売先との取引において、業種別に、2022年の受注量の状況について確認すると、業種にかかわらず、3割弱程度の企業で、2019年、2021年と比べると受注量が増加していることがわかる。

(b) 受注単価の状況

　続いて、業種別に、最も多く取引している販売先との取引における、2022年の受注単価の状況について見ると、特に製造業において対2019年比で36.6％、対2021年比で35.8％「増加」となっているほか、サービス業においても対2019年比で24.4％、対2021年比で21.9％「増加」となっており、受注単価は感染症流行以降、一定程度増加している様子が見て取れる。

【 業種別に見た、受注単価の状況（対2019年比、2021年比）】

受注単価（対2019年比）

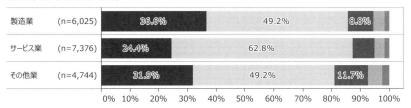

受注単価（対2021年比）

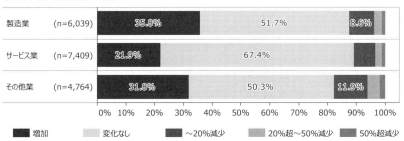

資料：（株）東京商工リサーチ「令和４年度取引条件改善状況調査」
（注）1.受注側事業者向けアンケートを集計したもの。
2.最も多く取引している販売先との取引について、2022年の受注単価を尋ねたもの。

出所：中小企業庁編『2023年版中小企業白書』第2-3-2図、p.Ⅱ-228

(c) コストの変動状況

　業種別に、2019年および2021年と比べた原材料・仕入コストの状況について見ると、製造業がサービス業と比べて「上昇」と回答した割合が多い。足下の物価高の影響を受けて、原材料・仕入コストの上昇がより強く実感されている様子が見て取れる。

【 業種別に見た、原材料・仕入コストの状況 (対2019年比、2021年比) 】

対2019年比

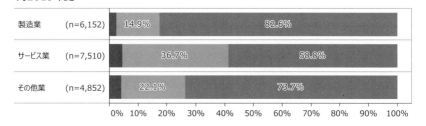

対2021年比

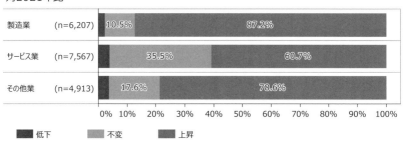

■ 低下　■ 不変　■ 上昇

資料：（株）東京商工リサーチ「令和4年度取引条件改善状況調査」
（注）受注側事業者向けアンケートを集計したもの。

出所：中小企業庁編『2023年版中小企業白書』第2-3-3図、p. II -229

(d) コストの変動に対する価格転嫁の状況

　業種別に、直近1年の各コストの変動に対する価格転嫁の状況について見ると、製造業では、原材料価格の変動が反映されたとする回答割合が高い。一方で労務費、エネルギー価格の変動については、いずれの業種においても、比較的反映されていない状況にある。

【 直近１年の各コストの変動に対する価格転嫁の状況 】

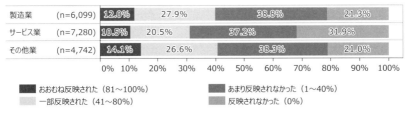

原材料価格の変動

		おおむね反映された（81〜100%）	一部反映された（41〜80%）	あまり反映されなかった（1〜40%）	反映されなかった（0%）
製造業	(n=6,108)	27.9%	41.1%	20.6%	10.3%
サービス業	(n=7,236)	12.5%	25.4%	33.6%	28.5%
その他業	(n=4,765)	24.6%	38.0%	24.7%	12.7%

労務費の変動

製造業	(n=6,118)	12.8%	28.7%	36.9%	21.6%
サービス業	(n=7,371)	13.6%	26.3%	35.0%	25.2%
その他業	(n=4,757)	14.5%	28.3%	36.7%	20.6%

エネルギー価格の変動

製造業	(n=6,099)	12.0%	27.9%	38.8%	21.3%
サービス業	(n=7,280)	10.5%	20.5%	37.2%	31.9%
その他業	(n=4,742)	14.1%	26.6%	38.3%	21.0%

■ おおむね反映された（81〜100%） ■ あまり反映されなかった（1〜40%）
□ 一部反映された（41〜80%） ▨ 反映されなかった（0%）

資料：（株）東京商工リサーチ「令和４年度取引条件改善状況調査」
（注）1.受注側事業者向けアンケートを集計したもの。
2.労務費については、最低賃金の引上げ、人手不足への対処等、外的要因による労務費の上昇を含む。

出所：中小企業庁編『2023年版中小企業白書』第2-3-6図、p.Ⅱ-232

　続いて、受注側企業・発注側企業別に価格転嫁が困難な理由を見ると、受注側企業において、「商品・サービスのブランド化や差別化による競争力が弱いため」および「競合他社の商品価格との価格競争力が弱いため」について、「あてはまる」、「ややあてはまる」の回答が、合わせて３割を超えている。発注側企業においては、「商品・サービスのブランド化や差別化による競争力が弱いため」および「競合他社の商品価格との価格競争力が弱いため」について、「あてはまる」、「ややあてはまる」の回答がほかの理由と比べて一定数見られる。今回の調査結果だけで一概にはいえないが、価格転嫁に向けては、受注側企業・発注側企業の双方で取引する商品・サービスの競争力の確保も課題となっている可能性がある。

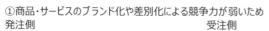

【 価格転嫁が困難な理由 】

①商品・サービスのブランド化や差別化による競争力が弱いため

発注側
(n=948) あてはまる 8.5% / ややあてはまる 15.6% / どちらともいえない 40.1% / ややあてはまらない 4.0% / あてはまらない 31.8%

受注側
(n=7,561) 13.6% / 21.1% / 34.5% / 25.6%

②競合他社の商品価格との価格競争力が弱いため

発注側
(n=947) 8.8% / 15.7% / 39.6% / 4.6% / 31.3%

受注側
(n=7,569) 13.2% / 22.4% / 34.4% / 6.0% / 23.9%

③仕入先（販売先）と価格交渉に向けた関係性が構築しづらいため

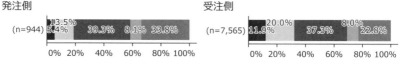

発注側
(n=944) 5.4% / 13.5% / 39.3% / 8.1% / 33.8%

受注側
(n=7,565) 11.9% / 20.0% / 37.3% / 8.0% / 22.8%

④価格改定に伴って取引コストの負担が増大するため

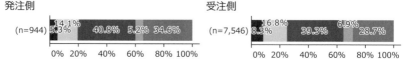

発注側
(n=944) 5.3% / 14.1% / 40.8% / 5.2% / 34.6%

受注側
(n=7,546) 8.3% / 16.8% / 39.3% / 6.9% / 28.7%

⑤仕入先（販売先）との価格交渉を仲介する組織がいないため

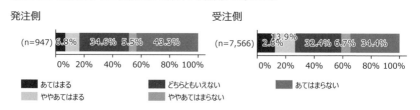

発注側
(n=947) 6.8% / 34.6% / 5.5% / 43.3%

受注側
(n=7,566) 2.6% / 13.9% / 32.4% / 6.7% / 34.4%

凡例：あてはまる ／ どちらともいえない ／ あてはまらない ／ ややあてはまる ／ ややあてはまらない

資料： （株）東京商工リサーチ「令和4年度取引条件改善状況調査」
（注）1.左側の①から⑤までは発注側事業者、右側の①から⑤までは受注側事業者向けアンケートを集計したもの。
2.発注側事業者については、コスト全般の変動の価格反映状況として、「あまり反映しなかった」、「反映しなかった」と回答した者に対する質問。
3.受注側事業者については、コスト全般の変動の価格反映状況として、「あまり反映されなかった」、「反映されなかった」と回答した者に対する質問。

出所：中小企業庁編『2023年版中小企業白書』第2-3-10図、p.Ⅱ-236

（e）パートナーシップ構築宣言に関する取組状況

　　パートナーシップ構築宣言は、①サプライチェーン全体の共存共栄と新たな連携、②親事業者と下請事業者の望ましい取引慣行の遵守に重点的に取り組むことで新たなパートナーシップを構築することを、企業の代表権を有す

る者の名前で宣言するものであり、約20,600社を超える企業が宣言している（2023年3月末現在）。

　宣言企業調査における、宣言企業のサプライチェーン全体の付加価値向上に関して取り組んでいるテーマや社会課題を示したものを見ると、サプライチェーンの中で牽引役が期待される大企業については、グリーン化の取組が約4割で最も多く、リサイクル・循環経済・廃棄物処理、EDI導入の取組と続く。中小企業は、リサイクル・循環経済・廃棄物処理に関する取組が約3割で最も多く、働き方改革、データの相互利用の取組と続く。

【 サプライチェーン全体の付加価値向上に関して取り組んでいるテーマや社会課題 (宣言企業調査) 】

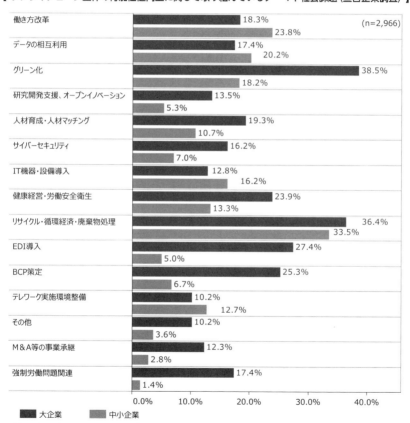

資料：内閣府「未来を拓くパートナーシップ構築推進会議（第4回）資料2　経済産業省提出資料」（2022年10月）
(注)1.ここでいう大企業とは、資本金3億円超、中小企業とは、資本金3億円以下の企業を指す。
　　2.複数回答のため、合計は必ずしも100%とならない。

出所：中小企業庁編『2023年版中小企業白書』コラム2-3-2③図、p.Ⅱ-245

❷中小企業のデジタル化推進に向けた取組

① 中小企業のデジタル化進展のきっかけと背景

(a) 中小企業のデジタル化の取組状況

　(株) 野村総合研究所が実施した「事業者アンケート調査」において、調査対象企業のデジタル化の取組段階 (段階1〜4) を確認しており、この取組段階を活用して分析を進めていく。各段階は、①紙や口頭による業務が中心で、デジタル化が図られていない状態 (段階1)、②アナログな状況からデジタルツールを利用した業務環境に移行している状態 (段階2)、③デジタル化による業務効率化やデータ分析に取り組んでいる状態 (段階3)、④デジタル化によるビジネスモデルの変革や競争力強化に取り組んでいる状態 (段階4) に大別されている。

【 デジタル化の取組段階 】

段階4	デジタル化によるビジネスモデルの変革や競争力強化に取り組んでいる状態 （例）システム上で蓄積したデータを活用して販路拡大、新商品開発を実践している
段階3	デジタル化による業務効率化やデータ分析に取り組んでいる状態 （例）売上・顧客情報や在庫情報などをシステムで管理しながら、業務フローの見直しを行っている
段階2	アナログな状況からデジタルツールを利用した業務環境に移行している状態 （例）電子メールの利用や会計業務における電子処理など、業務でデジタルツールを利用している
段階1	紙や口頭による業務が中心で、デジタル化が図られていない状態

出所：中小企業庁編『2023年版中小企業白書』第2-3-11図、p. Ⅱ-250

　続いて、時点別に見た、デジタル化の取組状況を確認すると、中小企業全体において、感染症流行前の2019年時点ではデジタル化の取組段階が3または4と回答した企業が2割に満たなかったのに対し、2022年時点では3割を超えており、デジタル化の取組段階が進展していることがわかる。また、本調査では2025年時点の見込みについても確認しているが、2022年時点と比較して更にデジタル化の取組段階が進展すると見込んでいる企業の回答割合が高くなっており、今後も中小企業がデジタル化の取組を推進していく様子がうかがえる。他方で、従業員規模に目を向けると、従業員規模が20人以下の企業では、いずれの時点においても従業員規模が21人以上の企業と比べて段階1や2の企業が多いことが見て取れるとともに、2022年時点では

2019年時点と比較して取組段階の差が広がっていることが確認できる。

【 時点別に見た、デジタル化の取組状況（従業員規模別） 】

①2019年時点

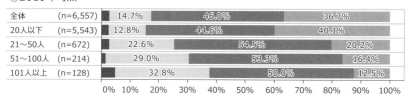

②2022年時点

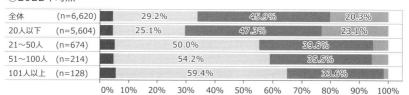

③2025年時点の見込み

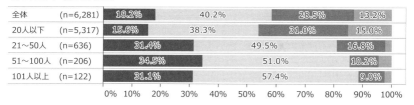

■ 段階4　　□ 段階3　　■ 段階2　　□ 段階1

資料：（株）野村総合研究所「地域における中小企業のデジタル化及び社会課題解決に向けた取組等に関する調査」
（注）1.デジタル化の取組状況として「分からない」と回答した企業は除いている。
2.③2025年時点の見込みは、アンケート調査時点（2022年12月）における、2025年の見込みを聞いている。

出所：中小企業庁編『2023年版中小企業白書』第2-3-12図、p.Ⅱ-251

⒝ 中小企業のデジタル化のきっかけ

　まず、中小企業がデジタル化に取り組んだきっかけを従業員規模別に確認すると、従業員規模が20人以下の企業においては、「支援機関等からの推奨」が最も多いとともに、「取引先からのデジタル化の対応要請」が続いており、社内よりも社外からの要請などをきっかけとしている企業の割合が高い傾向

にあることがわかる。一方で、従業員規模が21人以上の企業においては、「取引先からのデジタル化の対応要請」などをきっかけとしている企業も一定数存在しているが、「社内からのデジタル化に対する要望」が最も多く、社内の従業員等からの提案や要望などがきっかけとなっている様子がうかがえる。

続いて、事業承継をきっかけとしてデジタル化の取組段階が進展した企業に対し、事業承継をきっかけとしてデジタル化に取り組んだ理由を確認すると、「顧客・取引先の要請やニーズへ対応するため」が最も多く、次いで「既存事業の将来性に対して危機感を抱いていたため」となっている。後継者が承継する事業の更なる成長の志向や将来性への問題意識から、自社のデジタル化を進展させている様子がうかがえる。

【 事業承継をきっかけとしたデジタル化に取り組んだ理由 】

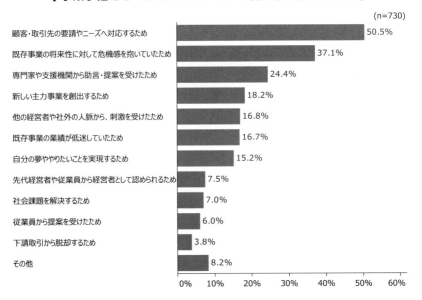

(n=730)

理由	割合
顧客・取引先の要請やニーズへ対応するため	50.5%
既存事業の将来性に対して危機感を抱いていたため	37.1%
専門家や支援機関から助言・提案を受けたため	24.4%
新しい主力事業を創出するため	18.2%
他の経営者や社外の人脈から、刺激を受けたため	16.8%
既存事業の業績が低迷していたため	16.7%
自分の夢ややりたいことを実現するため	15.2%
先代経営者や従業員から経営者として認められるため	7.5%
社会課題を解決するため	7.0%
従業員から提案を受けたため	6.0%
下請取引から脱却するため	3.8%
その他	8.2%

資料：（株）野村総合研究所「地域における中小企業のデジタル化及び社会課題解決に向けた取組等に関する調査」
（注）1.複数回答のため、合計は必ずしも100%にはならない。
2.2010年以降において事業承継を「実施した」と回答した企業に対して聞いている。

出所：中小企業庁編『2023年版中小企業白書』第2-3-16図、p.Ⅱ-255

② 中小企業のデジタル化推進に向けた戦略とデジタル人材

　中小企業白書（2021）では、経営者の積極的な関与のほかに、全社的にデジタル化に取り組む組織文化を醸成することの重要性を指摘している。こうした観点を踏まえて、企業の更なるデジタル化の進展に向けて、組織全体としてどのように戦略的に取組を実施しているのかを確認していく。まず経済産業省「DX推進指標」の指標項目を参考とし、デジタル化の推進に向けた戦略的な取組の例を示す。

【 デジタル化の推進に向けた戦略的な取組の例 】

①デジタル化のビジョン・目標の設定

②業務の棚卸しの実施

③デジタル化の取組に対する評価指標の設定及び管理

④デジタル化の取組に対する費用対効果の検討

⑤IT投資が機動的に行えるデジタル化関連予算の確保

資料：経済産業省「DX推進指標」より中小企業庁作成

出所：中小企業庁編『2023年版中小企業白書』第2-3-27図、p.Ⅱ-269

　続いて、デジタル化の取組段階別にデジタル化の推進に向けた戦略的な取組の実施状況について確認すると、デジタル化の取組段階が進展している企業では、「ビジョン・目標の設定」や「業務の棚卸し」などを実施している企業の割合が高いことが見て取れ、デジタル化を戦略的に推進していくことで、デジタル化の効果を実感しながら着実に取組段階を進展させていることが推察される。デジタル化の推進により、業務効率化からビジネスモデルの変革を遂げていくために、組織的・戦略的に取り組んでいくことが、更なるデジタル化の進展につながるといえよう。

【 デジタル化の取組段階別に見た、デジタル化の推進に向けた戦略的な取組の実施状況 】

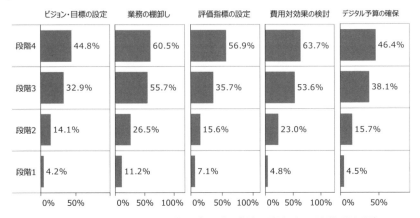

資料：（株）野村総合研究所「地域における中小企業のデジタル化及び社会課題解決に向けた取組等に関する調査」
（注）1.デジタル化の取組段階とは2022年時点におけるデジタル化の取組段階を指している。
2.デジタル化の取組段階として「分からない」と回答した企業は除いている。
3.ビジョン・目標の設定は「ビジョン・目標を定めている」、業務の棚卸しは「十分にできている」と「ある程度できている」、評価指標の設定は「評価指標を設定し、達成状況の管理ができている」と「評価指標を設定しているが、達成状況の管理はできていない」、費用対効果の検討は「十分にできている」と「ある程度できている」、デジタル予算の確保は「十分に確保できている」と「ある程度確保できている」と回答した者を、戦略的な取組を実施している者としてカウントし、その割合を集計している。また、評価指標の設定は「判断できない、分からない」と回答した者を除外して集計している。
4.各回答数(n)は以下のとおり。段階4：n=306、段階3：n=1,934、段階2：n=3,038、段階1：n=1,342。

出所：中小企業庁編『2023年版中小企業白書』第2-3-33図、p.Ⅱ-276

③ 中小企業のデジタル化推進に向けた支援機関の活用と地域内連携

ここでは、「事業者アンケート調査」と「支援機関アンケート調査」の結果から、中小企業のデジタル化に関する支援機関への相談状況や支援機関の支援状況等を確認する。

(a) デジタル化の取組に関する支援機関への相談状況

企業に対して、デジタル化に関する支援機関への相談経験の有無を確認したものを従業員規模別に示したものを見ると、全体では、約4割が支援機関に対してデジタル化の取組に関する相談経験があり、従業員規模が小さい企業ほど、相談経験がある企業の割合が高い傾向にあることがわかる。

【 従業員規模別に見た、デジタル化の取組に関する支援機関への相談経験の有無 】

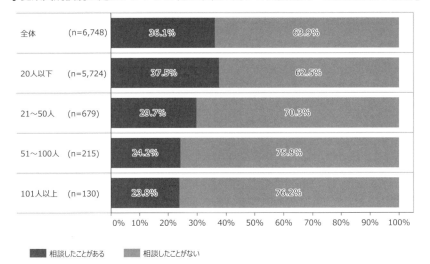

資料： （株）野村総合研究所「地域における中小企業のデジタル化及び社会課題解決に向けた取組等に関する調査」

出所：中小企業庁編『2023年版中小企業白書』第2-3-43図、p.Ⅱ-294

　続いて、デジタル化に関して支援機関への相談経験がある企業に対し、その相談内容を確認すると、「ITツールの選定」が最も多く、「ITツール導入時の支援（導入計画、社員への研修など）」が続いている。

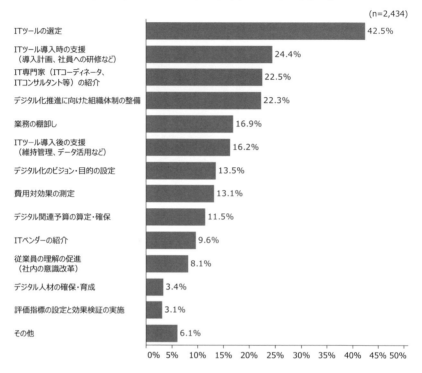

【 デジタル化に関する支援機関への相談内容 】

(n=2,434)

相談内容	割合
ITツールの選定	42.5%
ITツール導入時の支援（導入計画、社員への研修など）	24.4%
IT専門家（ITコーディネータ、ITコンサルタント等）の紹介	22.5%
デジタル化推進に向けた組織体制の整備	22.3%
業務の棚卸し	16.9%
ITツール導入後の支援（維持管理、データ活用など）	16.2%
デジタル化のビジョン・目的の設定	13.5%
費用対効果の測定	13.1%
デジタル関連予算の算定・確保	11.5%
ITベンダーの紹介	9.6%
従業員の理解の促進（社内の意識改革）	8.1%
デジタル人材の確保・育成	3.4%
評価指標の設定と効果検証の実施	3.1%
その他	6.1%

資料：（株）野村総合研究所「地域における中小企業のデジタル化及び社会課題解決に向けた取組等に関する調査」
（注）1.複数回答のため、合計は必ずしも100%にはならない。
2.デジタル化に関して支援機関に「相談したことがある」と回答した者に対して聞いている。

出所：中小企業庁編『2023年版中小企業白書』第2-3-44図、p.Ⅱ-295

(b) 中小企業のデジタル化に対する支援機関の支援状況と支援機関同士の連携

　ここからは、「支援機関アンケート調査」の結果を基に、中小企業のデジタル化に対する支援機関の支援状況を確認する。

　中小企業のデジタル化に関する支援機関の支援経験と中小企業からの相談件数について確認する。まず、7割の支援機関が中小企業のデジタル化に関する支援経験があることがわかる。また、5年前と比較して6割以上の支援機関がデジタル化に関する相談件数が増加したと回答しているとともに、減少したと回答した支援機関がごく少数であることが確認できる。

　続いて、中小企業のデジタル化に関する支援経験がある支援機関に対し、①では支援経験のある相談内容を確認し、②では最も強みを発揮できる支援

内容を確認すると、①の支援経験のある相談内容では、「IT専門家（ITコーディ
ネータ、ITコンサルタント等）の紹介」が最も多く、次いで「ITツールの選定」
が多い。また、②の最も強みを発揮できる支援内容においても、「IT専門家
（ITコーディネータ、ITコンサルタント等）の紹介」が最も多く、IT専門家と
のマッチングを得意としている支援機関が多いことがうかがえる。

【 支援経験のある相談内容と最も強みを発揮できる支援内容 】

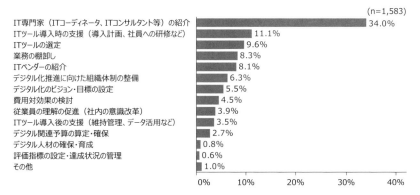

①支援経験のある相談内容

(n=1,583)

- IT専門家（ITコーディネータ、ITコンサルタント等）の紹介 — 53.6%
- ITツールの選定 — 51.2%
- ITツール導入時の支援（導入計画、社員への研修など） — 38.2%
- ITベンダーの紹介 — 33.9%
- 業務の棚卸し — 25.0%
- デジタル化推進に向けた組織体制の整備 — 24.2%
- ITツール導入後の支援（維持管理、データ活用など） — 23.9%
- 費用対効果の検討 — 22.6%
- デジタル化のビジョン・目標の設定 — 19.1%
- 従業員の理解の促進（社内の意識改革） — 18.6%
- デジタル関連予算の算定・確保 — 11.7%
- デジタル人材の確保・育成 — 7.7%
- 評価指標の設定・達成状況の管理 — 6.6%
- その他 — 1.8%

②最も強みを発揮できる支援内容

(n=1,583)

- IT専門家（ITコーディネータ、ITコンサルタント等）の紹介 — 34.0%
- ITツール導入時の支援（導入計画、社員への研修など） — 11.1%
- ITツールの選定 — 9.6%
- 業務の棚卸し — 8.3%
- ITベンダーの紹介 — 8.1%
- デジタル化推進に向けた組織体制の整備 — 6.3%
- デジタル化のビジョン・目標の設定 — 5.5%
- 費用対効果の検討 — 4.5%
- 従業員の理解の促進（社内の意識改革） — 3.9%
- ITツール導入後の支援（維持管理、データ活用など） — 3.5%
- デジタル関連予算の算定・確保 — 2.7%
- デジタル人材の確保・育成 — 0.8%
- 評価指標の設定・達成状況の管理 — 0.6%
- その他 — 1.0%

資料：（株）野村総合研究所「中小企業支援機関における支援能力向上に向けた取組等に関するアンケート」
（注）1.中小企業のデジタル化に関して「支援したことがある」と回答した支援機関に対して聞いている。
2.①支援経験のある相談内容は、複数回答のため、合計は必ずしも100%にはならない。

出所：中小企業庁編『2023年版中小企業白書』第2-3-48図、p.Ⅱ-301

中小企業のデジタル化支援に関する支援機関の連携について、①では連携の実施状況を確認し、②では連携していると回答した支援機関に対し、その連携先の支援機関を確認した。まず、①の連携の実施状況を見ると、8割以上の支援機関が他の支援機関と連携していることがわかる。他方で、「頻繁に連携している」と回答した支援機関は約5％と少数にとどまることが確認でき、連携の頻度についてはまだ十分ではない支援機関が多い可能性が考えられる。また、②の連携先の支援機関を見ると、「中小企業診断士」が最も多く、「よろず支援拠点」、「コンサルタント」が続いている。

【 中小企業のデジタル化支援に関する他の支援機関との連携状況と連携している支援機関 】

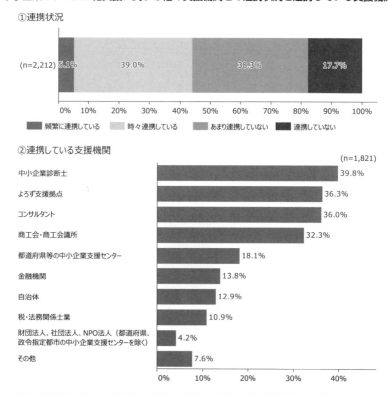

①連携状況

(n=2,212)

頻繁に連携している	時々連携している	あまり連携していない	連携していない
5.1%	39.0%	38.3%	17.7%

②連携している支援機関

(n=1,821)

中小企業診断士	39.8%
よろず支援拠点	36.3%
コンサルタント	36.0%
商工会・商工会議所	32.3%
都道府県等の中小企業支援センター	18.1%
金融機関	13.8%
自治体	12.9%
税・法務関係士業	10.9%
財団法人、社団法人、NPO法人（都道府県、政令指定都市の中小企業支援センターを除く）	4.2%
その他	7.6%

資料：（株）野村総合研究所「中小企業支援機関における支援能力向上に向けた取組等に関するアンケート」
（注）1.ここでの「連携」とは、中小企業支援機関同士の、支援対象事業者の紹介や支援上の相互補完、業務分担等を指す。
また、連携を持ちかける場合と持ちかけられる場合の両方を含むが、セミナーや相談会の共同開催は含まない。
2.②連携している支援機関は、他の支援機関との連携を実施している支援機関に対して聞いている。
3.②連携している支援機関は、複数回答のため、合計は必ずしも100%にはならない。

出所：中小企業庁編『2023年版中小企業白書』第2-3-50図、p.Ⅱ-304

❸ 支援機関における能力向上と連携、経営力再構築伴走支援

① 支援機関による支援の現状

(a) 課題解決の状況

　支援機関別に見た、相談員一人当たり支援件数を見ると、支援機関全体では各相談員が1か月に約30件の支援を実施している。支援機関別に見ると、各相談員が1か月に支援する件数はよろず支援拠点で50件超、商工会・商工会議所で40件超である一方、税・法務関係士業では10件を下回っている。このことから、支援機関ごとに事業者に対する支援の対応状況が異なることがわかる。

【 支援機関別に見た、相談員一人当たり支援件数 】

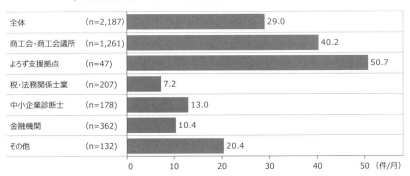

資料：（株）野村総合研究所「中小企業支援機関における支援能力向上に向けた取組等に関するアンケート」
（注）1.回答の上位1％を異常値として除外して集計している。
2.ここでの「支援」とは、来訪、訪問のほか、メールや電話、オンライン会議などによる支援（相談）対応を指し、メールマガジンの配信や参考情報の送付など情報提供だけの場合は支援に含まない。なお、支援件数は延べ件数である。

出所：中小企業庁編『2023年版中小企業白書』第2-3-54図、p.Ⅱ-314

　続いて、支援対象企業の業績傾向別に見た、3年前と比べて支援の重要性が高まった経営課題を見ると、支援対象企業の業績傾向によらず、「事業計画策定」、「事業承継・M&A」について、支援の重要性が高まったと回答した割合が高い。これを支援対象企業の業績傾向別に見ると、「生産設備増強、技術・研究開発」、「人材採用・育成」については、成長志向企業を多く支援している支援機関のほうが重要性が高まったと回答した割合が高く、「資金繰り」、「経営改善」については、事業継続企業を多く支援している支援機関のほうが、支援の重要性が高まったと回答した割合が高い。

【 支援対象企業の業績傾向別に見た、3年前と比べて支援の重要性が高まった経営課題 】

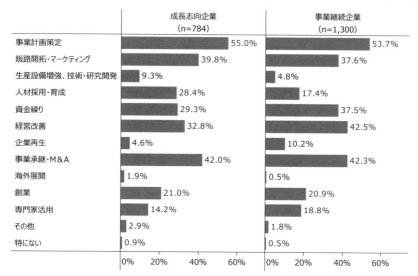

資料：（株）野村総合研究所「中小企業支援機関における支援能力向上に向けた取組等に関するアンケート」
（注）1.「成長志向企業」とは、安定的に黒字が確保できている等経営が安定している企業が、更なる売上高や利益の拡大等を
目指す状態を指す。
2.「事業継続企業」とは、慢性的に赤字が続いていたり、債務超過等の状況にある企業が、黒字化や債務超過の解消等を目指す
状態を指す。
3.複数回答のため、合計は必ずしも100%にはならない。
4.支援対象企業の業績傾向については、「分からない」と回答した者を除いて集計している。

出所：中小企業庁編『2023年版中小企業白書』第2-3-59図、p.Ⅱ-319

(b) 本質的な課題設定の状況

　支援機関別に見た、事業者の本質的な課題設定の状況を確認すると、支援
を通じて事業者が当初想定していた課題とは異なる、より本質的な課題設定
をできたケースが「とても多い」、「多い」と回答した支援機関は約4割である。
支援機関別に見ると、よろず支援拠点、中小企業診断士において、本質的な
課題設定ができたケースが特に多い。

(c) 伴走支援の実施状況

　支援機関別に見た、伴走支援の実施状況を示したものを見ると、支援機関
全体では、伴走支援を「十分にできている」、「ある程度できている」と回答
した割合の合計は7割を超えている。支援機関別に見ると、特によろず支援
拠点と中小企業診断士において、「十分にできている」と回答した割合が高い。
一方、税・法務関係士業では、「十分にできている」、「ある程度できている」

の合計が約5割と、伴走支援を実施していると回答した割合が低い。支援機関によってばらつきはあるものの、全体として伴走支援の取組は浸透していることがわかる。

【 支援機関別に見た、伴走支援の実施状況 】

支援機関		十分にできている	ある程度できている	あまりできていない	実施していない
全体	(n=2,212)	11.3%	61.6%	24.3%	
商工会・商工会議所	(n=1,282)		64.9%	26.3%	
よろず支援拠点	(n=47)	40.4%	57.4%		
税・法務関係士業	(n=207)		45.4%	31.9%	15.5%
中小企業診断士	(n=179)	30.2%	45.8%	19.0%	
金融機関	(n=365)	9.3%	70.7%	18.1%	
その他	(n=132)	20.5%	52.3%	25.0%	

凡例：■ 十分にできている　□ ある程度できている　■ あまりできていない　■ 実施していない

資料：（株）野村総合研究所「中小企業支援機関における支援能力向上に向けた取組等に関するアンケート」

出所：中小企業庁編『2023年版中小企業白書』第2-3-65図、p.Ⅱ-325

　また、伴走支援の取組の進展がもたらす効果に係る支援機関の認識を示したものを見ると、「地域内取引の増加」の割合が約6割と最も高い。次いで、「DX、GX等の新たな取組の進展」、「中堅企業の増加」、「労働者の所得向上」、「就労機会の増加」と続き、いずれも2割を超える支援機関が回答しているなど、伴走支援により、一事業者の成長にとどまらず、地域社会への幅広い波及効果が期待されていることがわかる。

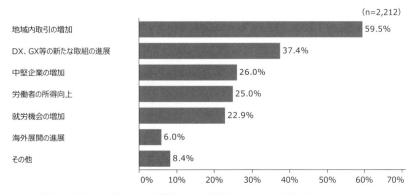

【 伴走支援の取組の進展がもたらす効果に係る支援機関の認識 】

(n=2,212)

項目	割合
地域内取引の増加	59.5%
DX、GX等の新たな取組の進展	37.4%
中堅企業の増加	26.0%
労働者の所得向上	25.0%
就労機会の増加	22.9%
海外展開の進展	6.0%
その他	8.4%

資料：（株）野村総合研究所「中小企業支援機関における支援能力向上に向けた取組等に関するアンケート」
（注）1.伴走支援の取組が進むことにより、今後どのような効果がもたらされると思うか、尋ねたもの。
2.複数回答のため、合計は必ずしも100%にはならない。

出所：中小企業庁編『2023年版中小企業白書』第2-3-68図、p.Ⅱ-328

　ここまで、支援機関の伴走支援に対する期待感が高いことを確認したが、支援機関は伴走支援を実施するうえで課題を抱えている。伴走支援の実施状況別に見た、支援機関が伴走支援を実施するうえでの課題を示したものを確認すると、伴走支援が実施できている支援機関においても、「支援人員の不足」だけでなく、「支援ノウハウ・知見の不足」と回答した割合が高く、伴走支援のノウハウ・知見の蓄積に課題を感じていることがわかる。これについて、伴走支援が実施できていない支援機関においては「支援ノウハウ・知見の不足」と回答した割合が他の課題と比べて最も高くなっており、伴走支援が実施できていない支援機関においては、支援ノウハウ・知見の不足がより大きな課題となっていることがうかがえる。

【 伴走支援の実施状況別に見た、伴走支援を実施するうえでの課題 】

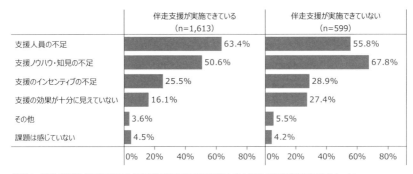

	伴走支援が実施できている (n=1,613)	伴走支援が実施できていない (n=599)
支援人員の不足	63.4%	55.8%
支援ノウハウ・知見の不足	50.6%	67.8%
支援のインセンティブの不足	25.5%	28.9%
支援の効果が十分に見えていない	16.1%	27.4%
その他	3.6%	5.5%
課題は感じていない	4.5%	4.2%

資料：（株）野村総合研究所「中小企業支援機関における支援能力向上に向けた取組等に関するアンケート」
（注）1.「伴走支援が実施できている」は、伴走支援の実施状況について「十分にできている」、「ある程度できている」と回答した者の合計。
2.「伴走支援が実施できていない」は、伴走支援の実施状況について「実施していない」、「あまりできていない」と回答した者の合計。
3.複数回答のため、合計は必ずしも100%にはならない。

出所：中小企業庁編『2023年版中小企業白書』第2-3-69図、p.Ⅱ-329

　伴走支援の特徴は、従来型の支援とは異なり、目先の課題への対応でなく、企業が自ら自社改革に取り組む力（自己変革力）を高めるための本質的な課題の設定と解決を促し、企業の潜在成長力を引き出すことを目的としている点にある。

【 従来型の支援との違い 】

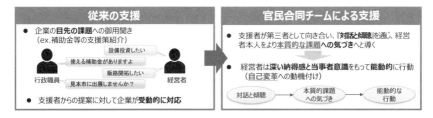

出所：中小企業庁編『2023年版中小企業白書』コラム2-3-7②図、p.Ⅱ-336

② 支援機関同士の連携

　経営課題別に見た、支援機関同士の連携状況を見ると、「事業計画策定」、「販路開拓・マーケティング」、「資金繰り」、「経営改善」、「事業承継・M＆A」、「創業」では支援機関同士の連携が頻繁に行われているのに対し、「生産設備増強、技術・研究開発」、「人材採用・育成」、「企業再生」、「海外展開」では支援機関同士の連携があまり行われていないことがわかる。

【 経営課題別に見た、他機関との連携状況 】

（1）事業計画策定
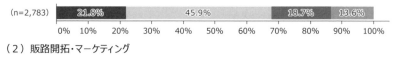

（n=2,783）　21.8%　45.9%　18.7%　13.6%

（2）販路開拓・マーケティング

（n=2,783）　18.1%　49.3%　19.3%　13.3%

（3）生産設備増強、技術・研究開発
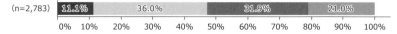

（n=2,783）　11.1%　36.0%　31.9%　21.0%

（4）人材採用・育成
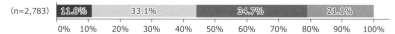

（n=2,783）　11.0%　33.1%　34.7%　21.1%

（5）資金繰り

（n=2,783）　30.7%　44.5%　14.1%　10.6%

（6）経営改善

（n=2,783）　21.1%　51.2%　16.5%　11.3%

（7）企業再生
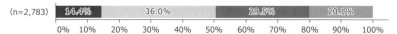

（n=2,783）　14.4%　36.0%　29.5%　20.1%

（8）事業承継・M＆A
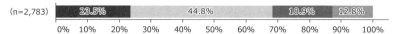

（n=2,783）　23.5%　44.8%　18.9%　12.8%

（9）海外展開

（n=2,783）　19.2%　32.0%　42.2%

（10）創業
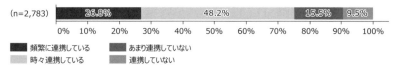

（n=2,783）　26.8%　48.2%　15.5%　9.5%

■ 頻繁に連携している　■ あまり連携していない
□ 時々連携している　■ 連携していない

資料：（株）野村総合研究所「中小企業支援機関における支援能力向上に向けた取組等に関するアンケート」

出所：中小企業庁編『2023年版中小企業白書』第2-3-81図、p. Ⅱ-355

論点16　地域の持続的発展を支える事業者(地域課題解決等)

ポイント

ここでは、小規模事業者にフォーカスし、地域課題へ取り組む事業者の状況やそれを支援する自治体の取組等について確認する。併せて商店街の取組についても確認する。いずれもグラフを中心に押さえておきたい。

１ 地域課題の解決に取り組む事業者の実態

① 地域課題の解決に向けた取組の現状

(a) 自治体から見た、事業者が地域課題解決事業に取り組むことへの期待

　地域課題の解決に事業者が取り組むことの必要性について、直近4〜5年での自治体の認識の変化を確認すると、「必要性がとても高まっている」の回答が15.6%、「必要性が高まっている」の回答が66.5%であり、8割以上の自治体が地域課題解決の必要性を感じていることがわかる。

　「必要性がとても高まっている」または「必要性が高まっている」と回答した自治体に対して、事業者が取り組むことの意義を確認すると、「事業者が持つ製品・サービス・ノウハウにより、独自の魅力的な解決方法が可能だから」の回答割合が最も高くなっており、自治体は、事業者に対して事業者が持つ製品やサービス、ノウハウを活用して、事業者が地域課題の解決に取り組むことを、特に期待していることがわかる。

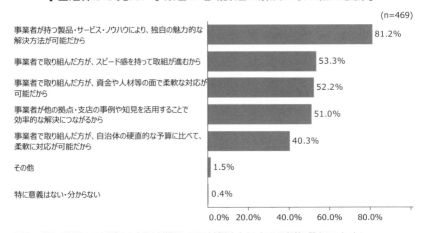

【 自治体から見た、事業者が地域課題の解決に取り組む意義 】

(n=469)

項目	割合
事業者が持つ製品・サービス・ノウハウにより、独自の魅力的な解決方法が可能だから	81.2%
事業者で取り組んだ方が、スピード感を持って取組が進むから	53.3%
事業者で取り組んだ方が、資金や人材等の面で柔軟な対応が可能だから	52.2%
事業者が他の拠点・支店の事例や知見を活用することで効率的な解決につながるから	51.0%
事業者で取り組んだ方が、自治体の硬直的な予算に比べて、柔軟に対応が可能だから	40.3%
その他	1.5%
特に意義はない・分からない	0.4%

資料：（株）野村総合研究所「中小企業支援機関における支援能力向上に向けた取組等に関するアンケート」
（注）1.複数回答のため、合計は必ずしも100%にはならない。
2.ここでは、自治体が感じる、事業者による地域課題解決の取組の必要性において、「必要性がとても高まっている」又は「必要性が高まっている」のいずれかを回答した自治体に聞いている。

出所：中小企業庁編『2023年版小規模企業白書』第2-1-3図、p.Ⅱ-5

(b) 金融機関から見た、事業者が地域課題解決事業に取り組む意義

　（株）東京商工リサーチが実施した「中小企業が直面する経営課題に関するアンケート調査」を用いて、事業者が経営課題に関する支援を受ける際に、相談先として利用を検討する支援機関を確認すると、「金融機関」と回答した割合が最も高くなっていることがわかる。このことから、事業者が抱えるさまざまな経営課題について、普段からやり取りのある金融機関を相談相手として検討している様子がうかがえる。

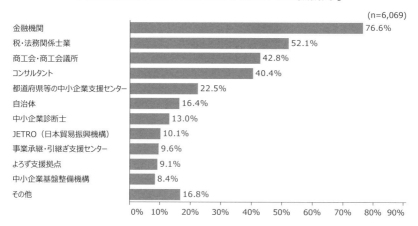

【 事業者が相談先として利用を検討する支援機関 】

(n=6,069)

支援機関	割合
金融機関	76.6%
税・法務関係士業	52.1%
商工会・商工会議所	42.8%
コンサルタント	40.4%
都道府県等の中小企業支援センター	22.5%
自治体	16.4%
中小企業診断士	13.0%
JETRO（日本貿易振興機構）	10.1%
事業承継・引継ぎ支援センター	9.6%
よろず支援拠点	9.1%
中小企業基盤整備機構	8.4%
その他	16.8%

資料 ：（株）東京商工リサーチ「中小企業が直面する経営課題に関する調査」
（注）1.ここでの回答割合は、ある事業者が「事業計画策定」、「販路開拓・マーケティング」、「生産設備増強、技術・研究開発」、「人材採用・育成」、「資金繰り」、「経営改善」、「企業再生」、「事業承継・M＆A」、「海外展開」、「創業」、「専門家活用」の各経営課題ついて、利用を検討すると回答した支援機関をそれぞれ集計したもの。
2.複数回答のため、合計は必ずしも100%にはならない。

出所：中小企業庁編『2023年版小規模企業白書』第2-1-4図、p.Ⅱ-6

(c) 地域課題解決事業に取り組む事業者の現状と今後の見込み

地域課題解決事業の取組状況について、現在の取組状況と今後の取組意向を確認すると、現在、何らかの取組を行っている事業者は35.9%であり、今後、取り組む予定である事業者の割合は49.0%である。このことから、事業者においても、地域課題解決事業に取り組むことへの関心が高まっている様子がうかがえる。

② 地域課題の解決に取り組む事業者の収支状況や取組の実態

　地域課題に現在取り組んでいると回答した事業者における、地域課題解決事業単体での収支状況を確認すると、収支状況が「黒字」または「収支均衡」と回答した事業者が約6割であることがわかる。

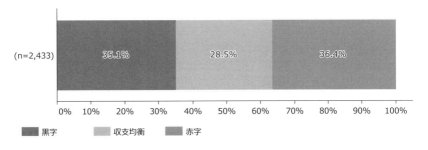

【 地域課題解決事業単体での収支状況 】

資料：（株）野村総合研究所「地域における中小企業のデジタル化及び社会課題解決に向けた取組等に関する調査」
　（注）1.ここでいう地域課題解決事業とは、地域課題解決に向けて事業外の活動（慈善活動やCSR等）として取り組むことではなく、自社の事業の一環として取り組むことを指す。
2.地域課題の解決に向けて現在、取り組んでいる分野のいずれかについて回答した事業者に聞いている。
3.ここでいう黒字は「補助金を除いても黒字（※補助金をもらっていない場合も含む）」又は「補助金を含めれば黒字」のいずれかを回答した事業者を指す。また、赤字は「赤字」又は「事業単体での収支を見ていない・分からない」のいずれかを回答した事業者を指す。

出所：中小企業庁編『2023年版小規模企業白書』第2-1-11図、p.Ⅱ-15

　続いて、収支状況別に見た、地域課題解決事業に取り組む事業者が抱える課題を確認すると、収支状況によらず、「利益の増加」や「人材の確保」、「売上げの増加」の回答割合が高くなっていることがわかる。

　また、事業者が地域課題解決事業を進めるうえで必要だと考える支援策を確認すると、「地域課題に関する普及」が最も多く、次いで「税制上の優遇や補助金」となっている。また、「国や自治体による認証」や「社会的意義の指標化」と回答した事業者も約2割存在しており、こうした地域課題解決に取り組む事業者に対する認証や社会的意義を評価する仕組みが、一定数の事業者から求められていることがわかる。

【 地域課題解決事業の取組を促進するうえで、必要だと思う支援策 】

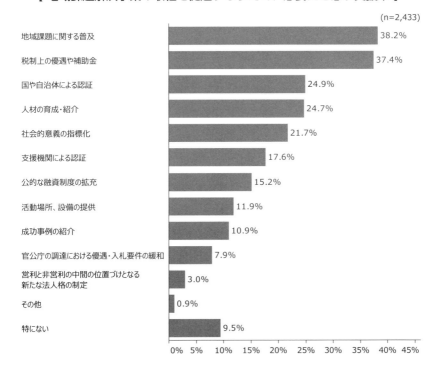

(n=2,433)

地域課題に関する普及	38.2%
税制上の優遇や補助金	37.4%
国や自治体による認証	24.9%
人材の育成・紹介	24.7%
社会的意義の指標化	21.7%
支援機関による認証	17.6%
公的な融資制度の拡充	15.2%
活動場所、設備の提供	11.9%
成功事例の紹介	10.9%
官公庁の調達における優遇・入札要件の緩和	7.9%
営利と非営利の中間の位置づけとなる新たな法人格の制定	3.0%
その他	0.9%
特にない	9.5%

資料：（株）野村総合研究所「地域における中小企業のデジタル化及び社会課題解決に向けた取組等に関する調査」
（注）1.ここでの社会的意義とは、地域課題の解決に取り組んだ結果として生じる社会的・環境的な効果を指す（例：健康寿命の延伸、子供の教育サービスの拡充・質の向上、医療費の減少、介護離職率の低下、廃棄物処理コストの低下等）。
2.ここでの認証とは、地域課題解決事業について、国や自治体、支援機関等が、何らかの基準を設け、地域課題解決事業の取組がその基準に適合しているかを評価する制度等のことを指す。
3.複数回答のため、合計は必ずしも100%にはならない。
4.地域課題の解決に向けて現在、取り組んでいる分野のいずれかについて回答した事業者に聞いている。

出所：中小企業庁編『2023年版小規模企業白書』第2-1-17図、p.Ⅱ-22

③ 地域課題解決事業に関わる資金調達・資金供給の実態

　地域課題解決事業の収支が黒字や収支均衡、赤字のいずれの状況においても「資金調達」を課題と捉えている事業者が一定数存在する。地域課題解決事業に取り組んでいる事業者が事業の資金をどのように確保しているかを確認すると、「金融機関等からの借入れ」と回答した事業者が57.0%と最も多く、「別事業の収益等の自己資金」が27.4%、「国や自治体からの補助金・助成金」が26.8%と続いていることがわかる。

　また、金融機関において、資金供給を実施した分野を確認すると、「設備の

維持管理・更新費の増加」が最も多く、次いで「省エネルギー対策や二酸化炭素の排出抑制への高まり」、「効率的なサービス提供ニーズの高まり」となっている。

【 金融機関が事業者に対して、現在までに資金供給を実施したことのある地域課題の分野 】

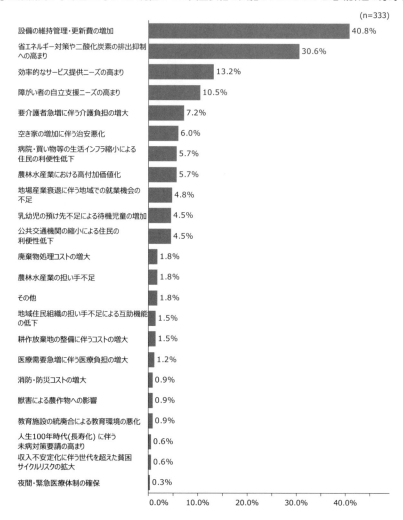

(n=333)

地域課題の分野	割合
設備の維持管理・更新費の増加	40.8%
省エネルギー対策や二酸化炭素の排出抑制への高まり	30.6%
効率的なサービス提供ニーズの高まり	13.2%
障がい者の自立支援ニーズの高まり	10.5%
要介護者急増に伴う介護負担の増大	7.2%
空き家の増加に伴う治安悪化	6.0%
病院・買い物等の生活インフラ縮小による住民の利便性低下	5.7%
農林水産業における高付加価値化	5.7%
地場産業衰退に伴う地域での就業機会の不足	4.8%
乳幼児の預け先不足による待機児童の増加	4.5%
公共交通機関の縮小による住民の利便性低下	4.5%
廃棄物処理コストの増大	1.8%
農林水産業の担い手不足	1.8%
その他	1.8%
地域住民組織の担い手不足による互助機能の低下	1.5%
耕作放棄地の整備に伴うコストの増大	1.5%
医療需要急増に伴う医療負担の増大	1.2%
消防・防災コストの増大	0.9%
獣害による農作物への影響	0.9%
教育施設の統廃合による教育環境の悪化	0.9%
人生100年時代(長寿化)に伴う未病対策要請の高まり	0.6%
収入不安定化に伴う世代を超えた貧困サイクルリスクの拡大	0.6%
夜間・緊急医療体制の確保	0.3%

資料：（株）野村総合研究所「中小企業支援機関における支援能力向上に向けた取組等に関するアンケート」
（注）1.自社・自団体の業種・業態として、「金融機関」と回答した者に聞いている。
2.地域課題の分野として設けていた「起業・創業支援」は、金融機関の通常業務に含まれている可能性があるため、ここでは表示していない。なお、同選択肢の回答割合は81.4%となっている。
3.「特にない」は除いて集計している。
4.当てはまるものを最大三つ回答する複数回答のため、合計は必ずしも100%にはならない。

出所：中小企業庁編『2023年版小規模企業白書』第2-1-21図、p.Ⅱ-27

❷ 地域課題の解決に取り組む事業者の連携

① 地域課題の解決に取り組む事業者の連携状況

　現在、地域課題解決事業に取り組んでいる事業者において、自治体との連携状況を確認すると、「既に取り組んでいる」または「取り組んでいないが、今後取り組む予定」と回答した事業者の割合の合計が約6割である。また、他の事業者との連携について見ると、「既に取り組んでいる」または「取り組んでいないが、今後取り組む予定」と回答した事業者の割合の合計が約7割となっており、自治体との連携と同様に半数以上の事業者は他の事業者と連携して取り組む可能性があることがうかがえる。

　続いて、自治体や他の事業者どちらかとの連携に「既に取り組んでいる」と回答した事業者において、連携したことによるメリットを確認すると、「企業としての信用度向上につながる」や「販売先が広がる」、「地域課題に関する情報提供が受けられる」といった項目が上位に挙げられている。地域課題解決事業に取り組む事業者は、連携を通じて企業としての信用度向上や販売先の拡大、地域課題のニーズ把握などにつながり、同事業の黒字化を実現している可能性が考えられる。

【 事業者が自治体や他の事業者と連携したことによるメリット 】

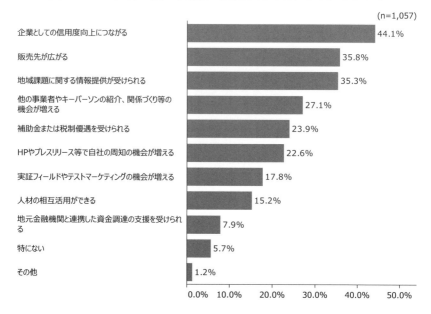

資料：（株）野村総合研究所「地域における中小企業のデジタル化及び社会課題解決に向けた取組等に関する調査」
（注）1.複数回答のため、合計は必ずしも100%にはならない。
2.地域課題の解決に向けて自治体又は他の事業者との連携に既に取り組んでいると回答した事業者に聞いている。
3.ここでいう連携とは、地域課題の解決に当たって、それぞれがもつリソースや情報等を提供しあい、協業すること等を指す。
（例：自治体による実証場所の提供や事業者同士のマッチング支援、商品・サービスの共同開発、地域一体でのブランド化等）

出所：中小企業庁編『2023年版小規模企業白書』第2-1-25図、p. II -33

② 地域課題の解決に取り組む事業者と自治体の連携

　事業者が自治体と連携した際に感じた課題を確認すると、「自治体において、意思決定までに時間を要する」や「自治体において、予算や個人情報等の制約が多い」といった項目が上位に挙げられている。

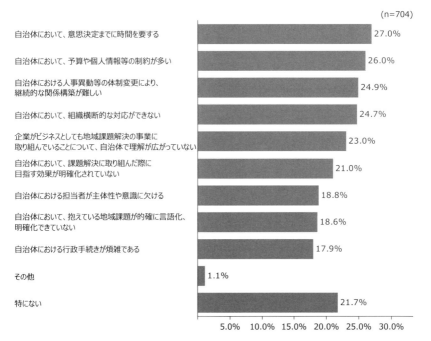

【 事業者が自治体と連携した際に感じた課題 】

(n=704)

項目	割合
自治体において、意思決定までに時間を要する	27.0%
自治体において、予算や個人情報等の制約が多い	26.0%
自治体における人事異動等の体制変更により、継続的な関係構築が難しい	24.9%
自治体において、組織横断的な対応ができない	24.7%
企業がビジネスとしても地域課題解決の事業に取り組んでいることについて、自治体で理解が広がっていない	23.0%
自治体において、課題解決に取り組んだ際に目指す効果が明確化されていない	21.0%
自治体における担当者が主体性や意識に欠ける	18.8%
自治体において、抱えている地域課題が的確に言語化、明確化できていない	18.6%
自治体における行政手続きが煩雑である	17.9%
その他	1.1%
特にない	21.7%

資料：（株）野村総合研究所「地域における中小企業のデジタル化及び社会課題解決に向けた取組等に関する調査」
（注）1.複数回答のため、合計は必ずしも100%にはならない。
2.地域課題の解決に向けて自治体との連携に既に取り組んでいると回答した事業者に聞いている。
3.ここでいう連携とは、地域課題の解決に当たって、それぞれがもつリソースや情報等を提供しあい、協業すること等を指す。
（例：自治体による実証場所の提供や事業者同士のマッチング支援、商品・サービスの共同開発、地域一体でのブランド化等）

出所：中小企業庁編『2023年版小規模企業白書』第2-1-26図、p.Ⅱ-34

　続いて、自治体が事業者と連携するうえで、事業者側に求めることを確認すると、「自地域が抱える課題を理解していること」と回答した自治体が最も多く、次いで「事業を継続的に実施していくこと」となっていることがわかる。

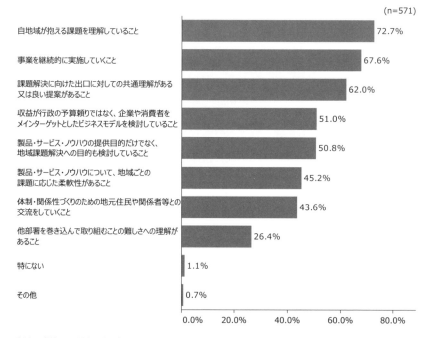

【 自治体が事業者と連携するうえで、事業者側に求めること 】

(n=571)

項目	割合
自地域が抱える課題を理解していること	72.7%
事業を継続的に実施していくこと	67.6%
課題解決に向けた出口に対しての共通理解がある又は良い提案があること	62.0%
収益が行政の予算頼りではなく、企業や消費者をメインターゲットとしたビジネスモデルを検討していること	51.0%
製品・サービス・ノウハウの提供目的だけでなく、地域課題解決への目的も検討していること	50.8%
製品・サービス・ノウハウについて、地域ごとの課題に応じた柔軟性があること	45.2%
体制・関係性づくりのための地元住民や関係者等との交流をしていくこと	43.6%
他部署を巻き込んで取り組むことの難しさへの理解があること	26.4%
特にない	1.1%
その他	0.7%

資料：（株）野村総合研究所「中小企業支援機関における支援能力向上に向けた取組等に関するアンケート」
（注）1.複数回答のため、合計は必ずしも100%にはならない。
2.自社・自団体の業種・業態として、「自治体」と回答した者に聞いている。
3.ここでいう連携とは、地域課題の解決に当たって、それぞれがもつリソースや情報等を提供しあい、協業すること等を指す。
（例：自治体による実証場所の提供や事業者同士のマッチング支援、商品・サービスの共同開発、地域一体でのブランド化等）

出所：中小企業庁編『2023年版小規模企業白書』第2-1-27図、p. II -35

3 地域を支える商店街および小規模事業者

① 商店街

(a) 商店街の空き店舗数・空き店舗率の推移

　中小企業庁（2022）「令和3年度商店街実態調査報告書（概要版）」における、商店街当たりの空き店舗の平均店舗数および平均空き店舗率の推移を見ると、2021年度における商店街当たりの平均空き店舗数は5.5店、空き店舗率は13.6%となっており、感染症拡大前に比べて大きい上昇、下降は見られないが、空き店舗率は2006年度から徐々に増加していることがわかる。

【 商店街の空き店舗数および空き店舗率の推移 】

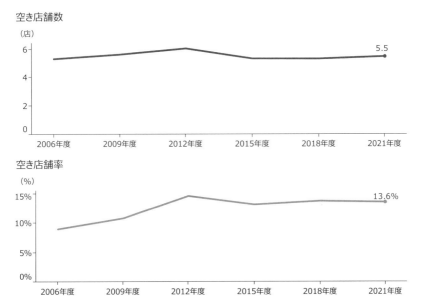

資料：中小企業庁「令和３年度商店街実態調査報告書（概要版）」
（注）本調査でいう「商店街」とは、（１）小売業、サービス業等を営む者の店舗等が主体となって街区を形成し、（２）これらが振興組合、商店会等の法人格の有無およびその種類を問わず、何らかの組織を形成しているものをいう。

出所：中小企業庁編『2023年版小規模企業白書』第2-1-30図、p.Ⅱ-46

(b) 商店街の役割

　中小企業庁が実施した「平成30年度商店街実態調査」および「令和３年度商店街実態調査」を用いて、商店街の役割について「期待されていると思うもの」について確認すると、「地域住民への身近な購買機会の提供」がいずれの年度においても最も高くなっている。また、「地域の賑わいの創出」や、「地域情報発信の担い手」も、平成30年度と比べて、令和３年度における回答割合が上昇している。このことから、商店街に対しては、商業機能だけでなく、コミュニティ、人が集まる場所としての社会的機能への期待が高まっていることがわかる。

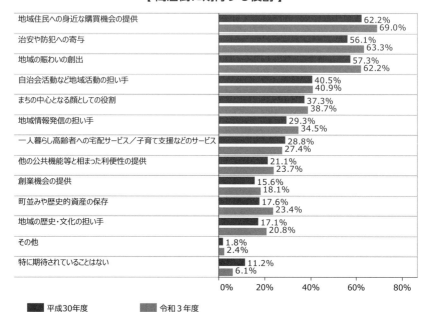

【 商店街に期待する役割 】

役割	平成30年度	令和3年度
地域住民への身近な購買機会の提供	62.2%	69.0%
治安や防犯への寄与	56.1%	63.3%
地域の賑わいの創出	57.3%	62.2%
自治会活動など地域活動の担い手	40.5%	40.9%
まちの中心となる顔としての役割	37.3%	38.7%
地域情報発信の担い手	29.3%	34.5%
一人暮らし高齢者への宅配サービス／子育て支援などのサービス	28.8%	27.4%
他の公共機能等と相まった利便性の提供	21.1%	23.7%
創業機会の提供	15.6%	18.1%
町並みや歴史的資産の保存	17.6%	23.4%
地域の歴史・文化の担い手	17.1%	20.8%
その他	1.8%	2.4%
特に期待されていることはない	11.2%	6.1%

■ 平成30年度　　■ 令和3年度

資料：中小企業庁「平成30年度商店街実態調査」、「令和3年度商店街実態調査」
（注）1.各回答数(n)は以下のとおり。平成30年度：n=3,477、令和3年度：n=4,064。
2.複数回答のため、合計は必ずしも100%にならない。

出所：中小企業庁編『2023年版小規模企業白書』第2-1-33図、p.Ⅱ-49

② 地域における小規模事業者の存在感

　小規模企業白書（2020）において、小規模事業所、中規模事業所、大事業所のそれぞれが占める従業者数の構成割合を、人口密度区分別に確認する。小規模事業所の割合に着目すると、人口密度が低い地域において、構成割合が38.1％となっており、ほかの人口密度「高」、「やや高」、「やや低」の地域と比べて高くなっていることがわかる。このように、人口密度の低い地域において、小規模事業者の存在感は大きくなっており、地域経済の持続的な成長・発展という観点からも、小規模事業者の存在は重要である。

【 人口密度区分別に見た、規模別従業者数の構成割合 】

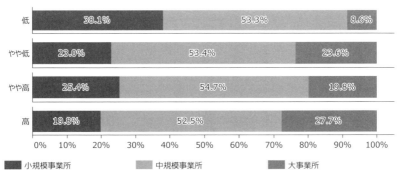

資料：総務省・経済産業省「平成28年経済センサス−活動調査」再編加工
（出所）中小企業庁「小規模企業白書2020年版」
（注）1.事業所単位での集計となっている。
2.ここでいう「小規模事業所」とは、総従業者20人以下（卸売業、小売業、飲食業、サービス業は5人以下）の事業所（一部
の政令指定業種を除く）をいう。
3.総従業者300人以下（卸売業、サービス業は100人以下、小売業、飲食業は50人以下）の事業所を「中小事業所」とする
（一部の政令指定業種を除く）。ここでいう「中規模事業所」とは、「中小事業所」のうち、「小規模事業所」に当てはまらない事業
所をいう。
4.ここでいう「大事業所」とは、「中小事業所」以外の事業所をいう。
5.人口密度区分とは、人口密度の四分位で、各市町村を人口密度が低い地域から順に、「低」、「やや低」、「やや高」、「高」、の
四つに分けたもの。

出所：中小企業庁編『2023年版小規模企業白書』第2-1-35図、p.Ⅱ-54

中小企業政策

論点1　中小企業憲章

ポイント

> 基本理念：中小企業は意思決定の素早さや行動力、個性豊かな得意分野や多種多様な可能性を持つ。また、社会の主役として地域社会と住民生活に貢献し、伝統技能や文化の継承に重要な機能を果たす、国家の財産ともいうべき存在。
> 基本原則と行動方針：5つの基本原則に関連づけて、8つの行動方針が定められている。

「中小企業憲章」は、意欲ある中小企業が新たな展望を切り拓けるよう、中小企業政策の基本的考え方と方針を明らかにしたもので、平成22（2010）年6月18日に閣議決定された。「基本理念」「基本原則」「行動方針」から成る。

① 基本理念

中小企業は、経済やくらしを支え、牽引する。創意工夫を凝らし、技術を磨き、雇用の大部分を支え、くらしに潤いを与える。**意思決定の素早さや行動力、個性豊かな得意分野や多種多様な可能性を持つ**。経営者は、企業家精神に溢れ、自らの才覚で事業を営みながら、家族のみならず従業員を守る責任を果たす。中小企業は、経営者と従業員が一体感を発揮し、一人ひとりの努力が目に見える形で成果に結びつきやすい場である。

中小企業は、**社会の主役**として**地域社会と住民生活に貢献**し、**伝統技能や文化の継承**に重要な機能を果たす。小規模企業の多くは家族経営形態を採り、地域社会の安定をもたらす。

このように中小企業は、**国家の財産**ともいうべき存在である。

❷ 基本原則と行動方針

政府は5つの基本原則に沿って、8つの行動方針を定めている。

基本原則	行動方針
1. 経済活力の源泉である中小企業が、その力を思う存分に発揮できるよう支援する。	①中小企業の立場から経営支援を充実・徹底する。
	②人材の育成・確保を支援する。
2. 起業を増やす。	③起業・新事業展開のしやすい環境を整える。
3. 創意工夫で、新しい市場を切り拓く中小企業の挑戦を促す。	④海外展開を支援する。
4. 公正な市場環境を整える。	⑤公正な市場環境を整える。
5. セーフティネットを整備し、中小企業の安心を確保する。	⑥中小企業向けの金融を円滑化する。
	⑦地域及び社会に貢献できるよう体制を整備する。
	⑧中小企業への影響を考慮し政策を総合的に進め、政策評価に中小企業の声を生かす。

出所：経済産業省HP「中小企業憲章について」を参考に作成

追加 ポイント

基本理念：さまざまな政策の根底にある、政府の考えをつかむ。
基本原則と行動方針：すべて暗記する必要はないが、双方を関連づけると特徴を覚えやすい。

過去問 過去5年間での出題はない。

A　論点2　中小企業基本法

ポイント

中小企業に期待する役割として、①新たな産業の創出、②就業の機会の増大、③市場における競争の促進、④地域における経済の活性化、の4つを掲げている。
基本方針として、①経営の革新及び創業の推進、②中小企業の経営基盤の強化、③経済的社会的環境の変化への適応の円滑化、とそれを支える土台として④資金の供給の円滑化及び自己資本の充実、を掲げている。

❶ 中小企業基本法の目的

　中小企業基本法は、中小企業政策について、基本理念・基本方針などを定めるとともに国及び地方公共団体の責務などを規定することにより中小企業に関する施策を総合的に推進し、国民経済の健全な発展及び国民生活の向上を図ることを目的としている。

❷ 中小企業基本法の基本理念

　同法では、中小企業を「多様な事業の分野において**特色ある事業活動**を行い、多様な就業の機会を提供し、個人がその能力を発揮しつつ事業を行う機会を提供することにより**我が国の経済の基盤を形成している**もの」と位置づけている。

　特に、多数の中小企業者が創意工夫を生かして経営の向上を図るための事業活動を行うことを通じて、(a)**新たな産業の創出**、(b)**就業の機会の増大**、(c)**市場における競争の促進**、(d)**地域における経済の活性化**など、我が国経済の活力の維持と強化に果たすべき重要な役割を担うことを期待している。

　このため、国は、「**多様で活力ある中小企業の成長発展**」を実現するために、独立した中小企業者の自主的な努力を前提としつつ、(a)**経営の革新及び創業の促進**、(b)**経営基盤の強化**、(c)**経済的社会的環境の変化への適応の円滑化**を図るため、中小企業に関する施策を総合的に策定し、実施する責務を有するとしている。

　また、中小企業の多様で活力ある成長発展に当たっては、小規模企業が、**地域の特色を生かした事業活動を行い、就業の機会を提供する**などして**地域にお**

ける経済の安定並びに**地域住民の生活の向上及び交流の促進**に寄与するとともに、創造的な事業活動を行い、新たな産業を創出するなどして**将来における我が国の経済及び社会の発展に寄与する**という重要な意義を有するとしている。

🖪 中小企業基本法の基本方針

　基本理念を踏まえ、中小企業政策において、特に重点的に支援をしていく施策対象及び事業活動の支援を、以下のとおり基本方針として規定している。

① 経営の革新及び創業の促進を図ること

　経営の革新の促進、創業の促進、**創造的な事業活動の促進**は、中小企業の行う事業活動の中でも特に新たな価値を生み出す可能性が高い活動である一方、さまざまな課題に直面することが多い活動と考えられるため、積極的に支援することとしている。

② 中小企業の経営基盤の強化を図ること

　中小企業はその規模ゆえに自らの有する経営資源が乏しいうえ、経営資源を確保する際にも困難が伴うため、（ア）中小企業の経営資源の補完を図るための施策を講ずるとともに、（イ）中小企業が市場で活動する際に不当に不利な扱いを受けることのないよう公正な市場の確保に努めることなどを通じて中小企業の経営基盤の強化を図ることとしている。

③ 経済的社会的環境の変化への適応の円滑化を図ること

　貿易構造の変化、大規模な天災、人災等の中小企業の責に帰すことのできない不測の事態等の経済的社会的環境の変化によって、中小企業者は、大きな影響を受け、事業活動に著しい支障が生じるおそれがある。このような事態の発生により、多数の中小企業者が倒産する等の事態が発生することは国民経済的に望ましくないため、セーフティネット的な措置を講ずることを明記している。

④ 資金の供給の円滑化及び自己資本の充実を図ること

　経営資源の確保が特に困難であることが多い小規模企業者に対し中小企業施策を講じるにあたっては、小規模企業の経営の発達及び改善に努めるとともに、

金融、税制その他の事項について、小規模企業の経営の実態に配慮する旨規定している。

【 中小企業基本法の体系図 】

出所：中小企業庁HP「中小企業基本法の体系図」より抜粋

追加 ポイント

基本理念、基本方針の内容は、太字の部分が穴埋め形式で出題実績があるので、しっかり押さえること。

過去問			
令和5年度	第19問（設問3）	基本理念
令和4年度	第18問（設問3）	基本方針
令和3年度	第20問（設問1）	法制定時の目標
令和3年度	第20問（設問2）	基本理念
令和2年度	第14問（設問2）	基本理念
令和2年度	第14問（設問3）	小規模企業に対する中小企業施策の方針
令和元年度	第13問（設問2）	基本方針

A 論点3　中小企業者・小規模企業者の範囲

中小企業者の定義は、業種別に「資本金額」と「従業員数」によって基準を定めており、いずれかの条件を満たせば中小企業となる。
小規模企業者の定義は、業種別に「従業員数」のみで分類される。

1 中小企業基本法による中小企業・小規模企業者の定義

中小企業基本法では、中小企業者の定義を、業種別に「資本金額」と「従業員数」によって基準を定めている。両方を満たす必要はなく、いずれかの条件を満たすと、中小企業に分類される。一方、小規模企業者は「資本金額」の基準はなく、業種別の「従業員数」のみによって分類される。

【 中小企業・小規模企業者の定義 】

業種分類	中小企業者 (以下のいずれかを満たすこと)		小規模企業者
	資本金額	従業員数	従業員数
①製造業、建設業、運輸業 　その他の業種(②〜④を除く)	3億円以下	300人以下	20人以下
②卸売業	1億円以下	100人以下	5人以下
③サービス業	5千万円以下	100人以下	5人以下
④小売業	5千万円以下	50人以下	5人以下

出所：中小企業庁HP「中小企業の定義」を参考に作成

ただし、上記にあげた中小企業者・小規模企業者の定義は、中小企業政策における基本的な政策対象の範囲を定めた「原則」であり、法律や制度によって「中小企業」として扱われている範囲が異なることがある。

たとえば、法人税法における中小企業の定義は、「資本金1億円以下」としており、「業種区分」や「従業員数」の基準はない。(Ⅱ.中小企業政策の【論点24】で詳細解説)

近年は、業種分類が細かく出題される傾向にあるので、下表を参考に業種の対応関係を押さえておきたい。

【 中小企業基本法上の業種分類の対応表 】

中小企業基本法上の業種分類	日本標準産業分類上の分類
卸売業	中分類50 (各種商品卸売業)
	中分類51 (繊維・衣服等卸売業)
	中分類52 (飲食料品卸売業)
	中分類53 (建築材料、鉱物・金属材料等卸売業)
	中分類54 (機械器具卸売業)
	中分類55 (その他の品卸売業)
小売業	中分類56 (各種商品小売業)
	中分類57 (繊維・衣服・身の回り品小売業)
	中分類58 (飲食料品小売業)
	中分類59 (機械器具小売業)
	中分類60 (その他の小売業)
	中分類61 (無店舗小売業)
	中分類76 (飲食店)
	中分類77 (持ち帰り・配達飲食サービス業)
サービス業	中分類38 (放送業)
	中分類39 (情報サービス業)
	小分類411 (映像情報制作・配給業)
	小分類412 (音声情報制作業)
	小分類415 (広告制作業)
	小分類416 (映像・音声・文字情報制作に附帯するサービス業)
	小分類693 (駐車場業)
	中分類70 (物品賃貸業)
	大分類L (学術研究、専門・技術サービス業)
	大分類75 (宿泊業)
	大分類N (生活関連サービス業、娯楽業) ※小分類791 (旅行業) 除く
	大分類O (教育、学習支援業)
	大分類P (医療、福祉)
	大分類Q (複合サービス業)
	大分類R (サービス業〈他に分類されないもの〉)
製造業その他	上記以外の全て

出所：中小企業庁HPを参考に作成

近年業種分類のわかりにくいものが出題される傾向があるので、過去問を中心に業種にも着目して、特徴を押さえること。（例：飲食店⇒④小売業と同じ扱いとなる）

論点4　小規模基本法

ポイント

小規模基本法：小企業者 (おおむね従業員5人以下) を含む小規模企業について、「成長発展」のみならず「事業の持続的発展」を位置づける。基本計画を定め、①需要に応じたビジネスモデルの再構築、②多様で新たな人材の活用による事業の展開・創出、③地域のブランド化・にぎわいの創出等を推進。

❶ 小規模基本法 (正式名称：小規模企業振興基本法)

① 背景

　小規模企業は日本経済の構造的変化に直面している。**日本全国に景気の好循環を浸透させ、地方に強靭で自立的な経済を構築する**ためにも、雇用を支え、新たな需要に対応できる小規模事業者の役割が重要である。

　平成25 (2013) 年に改正した中小企業基本法では、「小規模企業に対する中小企業施策の方針」を位置づけたが、平成26 (2014) 年の改正ではこれをさらに一歩進め、**小規模企業を中心に据えた新たな施策の体系**を構築すべく基本法を策定することが必要であるとした。

② 概要

　小規模企業の振興の基本原則として、**小企業者 (おおむね従業員5人以下)** を含む小規模企業について、中小企業基本法の基本理念である**「成長発展」のみならず**、技術やノウハウの向上、安定的な雇用の維持等を含む**「事業の持続的発展」**を位置づける。

　小規模企業施策について5年間の**基本計画を定め、政策の持続性・一貫性を担保する仕組みを作る。**具体的には、**小規模企業者による①需要に応じたビジネスモデルの再構築、②多様で新たな人材の活用による事業の展開・創出、③地域のブランド化・にぎわいの創出**等を推進すべく、これらに応じた基本的施策を講じる。

〈小規模企業振興基本計画 (基本計画) について〉

　政府は小規模基本法に基づき、基本計画を定めなければならない。

【 4つの目標と12の重点施策 】

目標1：需要を見据えた経営の促進
①ビジネスプラン等に基づく経営の促進 ②需要開拓に向けた支援 ③新事業展開や高付加価値化の支援
目標2：新陳代謝の促進
④多様な小規模事業者（フリーランスなど）の支援〈新規項目〉 ⑤起業・創業支援〈重点項目〉 ⑥事業承継〈重点項目〉 ⑦人材の確保・育成
目標3：地域経済の活性化に資する事業活動の推進
⑧地域経済に波及効果のある事業の推進 ⑨地域のコミュニティを支える事業の推進
目標4：地域ぐるみで総力を挙げた支援体制の整備
⑩地方公共団体と支援機関の連携強化〈重点項目〉 ⑪手続きの簡素化・施策情報の提供 ⑫事業継続リスクへの対応能力の強化〈新規項目〉

出所：経済産業省HP「小規模企業振興基本計画の概要」を参考に作成

【 小規模企業の役割・課題・対応策 】

小規模企業の役割	課題	小規模企業がとるべき対応策
①顧客のニーズに応じた財・サービスの提供	需要の変化・減少	顔の見える信頼関係をより積極的に活用した、潜在的な需要を掘り起こすためのビジネスモデルの再構築
②雇用の維持・創出	経営層の高齢化 雇用者数の減少	多様な人材・新たな人材の活用による事業の展開・創出
③地域経済社会の担い手	地域全体の活力の低下	地域のブランド化・にぎわいの創出

出所：中小企業庁HP「小規模企業振興基本法【小規模基本法】の概要」

追加 ポイント

令和元年6月に小規模企業振興基本計画が改正された。【4つの目標と12の重点施策】について新規項目と重点項目を押さえておこう。

過去問

過去5年間での出題はない。

論点5　小規模支援法

ポイント

小規模支援法：商工会・商工会議所が地域の関係機関と連携し、中小機構の知見も活用しながら、経営発達支援事業を通じて、地域経済の活性化にもつながるような小規模事業者の支援を行う体制を全国各地に構築するもの。

① 小規模支援法（正式名称：**商工会及び商工会議所**による小規模事業者の支援に関する法律の一部を改正する法律）

① 背景

　地域経済を支える小規模事業者は需要の低下、売上の減少に直面しており、経営を持続的に行うための**ビジネスモデルの再構築**を全面的にサポートする体制を全国的に整備することが喫緊の課題。

② 概要

　これまで小規模事業者の記帳や税務の指導を行ってきた商工会・商工会議所が、地域の小規模事業者の課題を自らの課題として捉え、小規模事業者による**事業計画の策定**を支援し、その着実なフォローアップを行う**「伴走型」の支援を行う体制**を、中小機構の知見も活用しながら整備する。

　小規模事業者の活性化と地域の活力向上は表裏一体。市区町村や地域の金融機関、他の公的機関、大企業・中核企業等との連携の強化、地域産品の展示会の開催等、地域活性化にもつながる面的な支援を行う。

　以上の取組を通じ、地域ぐるみで小規模事業者を支援する体制を全国各地に構築していく。

【 地域ぐるみで小規模事業者を面的に支援する体制の構築 】

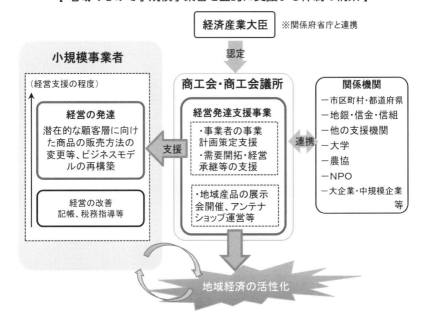

出所：中小企業庁HP「商工会及び商工会議所による小規模事業者の支援に関する
法律の一部を改正する法律【小規模支援法】の概要」

追加 ポイント

令和3年度試験では、小規模支援法ではなく小規模事業者支援法という名称で出題されている。どちらの名称でも対応できるように押さえておこう。

過去問
令和3年度　第23問（設問1）　小規模事業者支援法
令和3年度　第23問（設問2）　経営発達支援事業

論点6　中小企業支援実施機関

中小企業支援機関として全国規模は中小企業基盤整備機構、都道府県及び地域に対してはそれぞれ中小企業支援センターがある。

1 経済産業局

　経済産業省の出先機関であり、地方ブロックごとに1局、全国8か所に存在する。経済産業施策の総合的な窓口として、政策や補助金等の紹介及び各申請や届出の受付業務を行っている。

2 中小企業基盤整備機構（通称：中小機構）

　国の中小企業政策の中核的な実施機関として、全国9か所の地域本部（北海道、東北、関東、北陸、中部、近畿、中国、四国、九州）および沖縄事務所に

【 中小機構の支援サービス 】

出所：中小企業基盤整備機構HP

おいて、起業・創業期から成長期、成熟期に至るまで、企業の成長ステージに合わせた幅広い支援メニューの提供や、地域の自治体や支援機関、国内外の他の政府系機関と連携しながら中小企業の成長をサポートしている独立行政法人である。

　ステージに共通して経営相談、専門家派遣、人材育成、情報や資金の提供や共済制度（小規模企業共済制度、経営セーフティ共済制度）の運営を行っている。また、自然災害や感染症の事前対策の取組みを行う中小企業に対して、「事業継続力強化計画」の策定を通して経営を「強靱化」する支援も行っている。

　中小機構は「よろず支援拠点全国本部」として、各よろず支援拠点をバックアップするほか、中小企業大学校や事業承継・引継ぎ支援センターの運営を行っている。

❸ 中小企業支援センター

■都道府県等中小企業支援センター

　中小企業支援法に基づく**指定法人**で、**都道府県及び政令指定都市が行う**中小企業支援事業の実施体制の中心である。中小企業の経営全般に知見を有する民間人材であるプロジェクトマネージャー等を配置し、商工会、商工会議所等の中小企業関係団体や政府系金融機関等の他の中小企業支援機関と連携し、中小企業者の方が抱える問題に対して、解決の糸口が見つかるようワンストップサービス型の支援を実施している。

■地域中小企業支援センター

　創業予定者や経営革新等の課題を有する地域の中小企業者等が、さまざまな悩みを気軽に相談できる身近な支援拠点として、**全国の広域市町村圏程度の区域ごと**に設置されており、企業経営について十分な知見を有する専任のコーディネーターがきめ細やかに相談に応じている。

❹ 認定経営革新等支援機関

　経営革新等支援機関認定制度は、中小企業に対して専門性の高い支援を行うための体制を整備するために創設された認定制度である。税務、金融及び企業財務に関する専門的知識や支援に係る実務経験が一定レベル以上の機関や個人（税理士、公認会計士、弁護士など）が「経営革新等支援機関」として認定される。

⑤ 中小企業活性化協議会

中小企業の事業再生に向けた取組を支援してきた「中小企業再生支援協議会」と、経営改善計画策定支援等を実施してきた「経営改善支援センター」が統合され、「中小企業活性化協議会」が令和4（2022）年4月1日に立ち上がった。

中小企業活性化協議会は中小企業の活性化を支援する「公的機関」として**47都道府県に設置**されており、金融機関、民間専門家、各種支援機関と連携し、「地域全体での収益力改善、経営改善、事業再生、再チャレンジの最大化」を支援している。

支援内容（中小企業活性化協議会自身による支援）：

1）収益力改善支援
- 有事に移行する恐れのある中小企業を対象に、収益力改善支援を実施。

2）プレ再生支援・再生支援
- 収益性のある事業はあるものの、財務上の問題がある中小企業を対象に、事業面・財務面での改善を図る再生支援を実施。

3）再チャレンジ支援
- 収益力の改善や事業再生等が極めて困難な中小企業や保証債務に悩む経営者等を対象に、再チャレンジに向けた支援を実施。

支援内容（民間プレーヤーを活用した支援）：

1）早期経営改善計画策定支援
- 国が認定した専門家の支援を受け、資金計画やビジネスモデル俯瞰図、アクションプランなどの経営改善計画を策定する場合、専門家に対する支払費用の2／3を国が補助する。

2）経営改善計画策定支援
- 国が認定した専門家の支援を受け、金融支援を伴う本格的な経営改善計画を策定する場合、経営改善計画策定支援に必要となる費用の2／3を国が補助する。

試験対策としては、中小企業基盤整備機構の施策を押さえておきたい。また共済
制度やよろず支援については他の論点でしっかりと確認しておくことが望ましい。
「中小企業再生支援協議会」と「経営改善支援センター」が統合され、「中小企業活
性化協議会」が発足したことに加え、本書に記載した支援内容についても押さえ
ておきたい。

過去問 過去5年間での出題はない。

論点7 中小企業投資育成株式会社等による支援

ポイント

中小企業投資育成株式会社は地方公共団体・金融機関等の出資で、経済産業大臣が監督する政策実施機関であり、基本的に資本金3億円以下の会社に対して、投資事業、育成事業を行っている。

1 中小企業投資育成株式会社

　中小企業投資育成株式会社は、**中小企業投資育成株式会社法に基づき**、中小企業の自己資本の充実を促進し、その健全な成長発展を図るため、中小企業に対する投資等の事業を行うことを目的として設立された政策実施機関である。場所は**東京・大阪・名古屋の3か所**にあり、各地域を担当している。

【 投資育成制度の仕組み 】

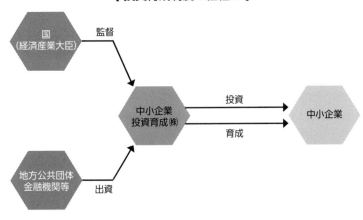

出所：中小企業庁編「投資育成制度のご案内（2017年6月）」資料

対象：資本金の額が3億円以下の株式会社

　　　（または資本金の額が3億円以下の株式会社を設立しようとする者）

　　　※もしくはその他法令により特例が認められている場合。

支援内容：

■投資事業

以下の投資を行う。

1. 株式会社の設立に際して発行される株式の引受け

2. 増資に際して発行される株式の引受け

3. 新株予約権の引受け

4. 新株予約権付社債の引受け

■育成事業（コンサルテーション事業）

株式、新株予約権、新株予約権付社債を引き受けている投資先企業の信頼できるパートナーとして、以下の支援を行う。

1. 経営権安定化

2. 株式上場支援

3. ビジネスマッチング

4. 人材育成支援

5. 事業承継支援

❷ 投資事業有限責任組合 (LPS)

投資事業有限責任組合は、**投資事業有限責任組合契約に関する法律 (LPS法)** に基づき、中小・ベンチャー企業への投資円滑化を目的として、ベンチャーキャピタルを中心に金融機関等が組成する投資事業組合の一種である。従来は、投資事業組合は民法上の組合として組成され組合員はすべて無限責任であったが、業務執行を行わない組合員の責任を有限とすることで、幅広い投資家層による中小企業・ベンチャー企業への投資供給を促進することになった。

【 投資事業有限責任組合のイメージ 】

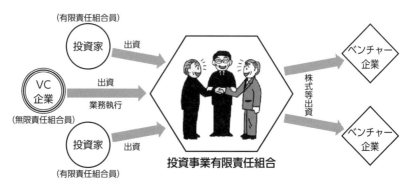

出所：中小企業庁編『中小企業施策総覧』

追加 ポイント

投資事業有限責任組合 (LPS) のメリットとして、銀行の出資が独占禁止法の5％ルールの適用除外になる。また、組合財産は全組合員による共有となり、組合には法人税がかからない。

過去問 過去5年間での出題はない。

論点8　ファンド事業による支援

ポイント

地域中小企業応援ファンドは都道府県や地域金融機関などが組成するファンドであるのに対し、起業支援ファンド／中小企業成長支援ファンドは民間投資ファンド（ベンチャーキャピタルなど）が組成するファンドに対して中小機構が出資し、そのファンドが中小企業に投資するものである。

◼ 起業支援ファンド／中小企業成長支援ファンド／中小企業経営力強化支援ファンド

　民間の投資会社（ベンチャーキャピタル等）が運営するファンドに対して、中小企業基盤整備機構が出資（ファンド総額の1/2以内）を行うことで、ファンドの組成を促進し、その投資ファンドから中小企業への投資機会の拡大を図る。

【 投資対象と仕組み 】

	投資対象
起業支援ファンド	設立5年未満の創業または成長初期の段階にある中小企業
中小企業成長支援ファンド	新事業展開や事業再編等により新たな成長、発展を目指す中小企業
中小企業経営力強化支援ファンド	新型コロナウイルス感染症の影響による経営環境の悪化を背景とし、事業の承継や事業の再編、再構築を通じて、経営基盤の強化や事業の立て直しに取り組む中小企業

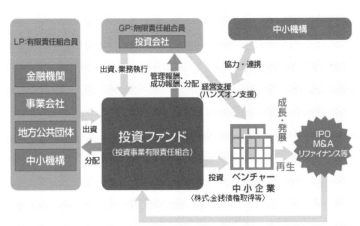

出所：中小企業基盤整備機構HP

② 地域中小企業応援ファンド

　地域中小企業応援ファンドは、中小機構と都道府県などが組成したファンドの運営益を助成金の原資とし、各都道府県のファンド運営管理者が中小企業が地域経済の活性化のために取り組む事業に対して助成するものである。

　地域活性化事業を対象とした「地域中小企業応援ファンド（スタート・アップ応援型）」と、農商工連携事業を対象とした「農商工連携型地域中小企業応援ファンド（スタート・アップ応援型）」がある。

〈特徴〉

- ●新商品開発に関するもの、販路開拓に関するものなど幅広い経費が助成対象
- ●原則として、**助成金は返済の必要がない**
- ●複数年にわたる事業に助成するファンドもある
- ●中小企業者だけでなく、中小企業者を支援する者やNPO法人を助成対象とするファンドもある

対象：①地域活性化事業支援

　　　　地域密着型の事業で、地域コミュニティへの貢献度が高い新たな事業への取組、地域資源を活用した初期段階の取組など、地域経済の活性化に資する中小企業者、中小企業を支援する者、NPO法人。

　　　②農商工連携の推進支援

　　　　地域の農林水産資源を効果的に活用し、中小企業者と農林漁業者が連携して行う事業に資する、中小企業者もしくはNPO法人と農林漁業者の連携体や、それらの連携体を支援する者。

支援内容：

　　　中小企業基盤整備機構（中小機構）が、都道府県と一体となってファンド運営管理者に貸付を行い、ファンドを組成している。ファンド運営管理者は、その運用益により地域資源を活用した新たな取組などに対する助成を行う。（助成内容は各都道府県により異なる。）

　　　※過去には「チャレンジ企業応援型」もあった。

❸ 中小企業再生ファンド（再生支援出資事業）

中小企業再生ファンドは地域の中小企業活性化協議会と連携して、再生に取り組む中小企業に対して、再生計画上の必要に応じた資金供給や経営支援を行う。

対象：過剰債務等により経営状況が悪化しているが、本業には相応の収益性があり、財務リストラや事業再構築により再生が可能な中小企業者。

支援内容：
- 中小企業活性化協議会との連携による再生計画策定支援
- 株式や新株予約権付社債などによる資金提供
- 金融機関の保有する貸出債権の買取による金融支援（過剰債務軽減等）
- GP（投資会社）による経営面のハンズオン支援　等

【 中小企業再生ファンドのスキーム 】

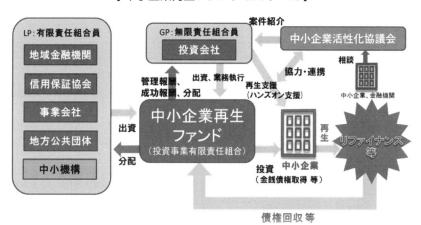

出所：中小企業基盤整備機構HP掲載資料

追加 ポイント

起業支援ファンド／中小企業成長支援ファンドに対して中小機構から出資される場合は、ファンド総額の1/2以内であると覚えておく。

過去5年間での出題はない。

A 論点9 中小企業等経営強化法に基づく支援

ポイント

〈「中小企業等経営強化法」の概要〉

「中小企業等経営強化法」は平成28（2016）年7月に「中小企業新事業活動促進法」の一部を改正してできた法律で、中小企業の「経営力向上計画」策定の支援、及び計画の認定を受けた企業が税制優遇や金融支援を受けて計画を実行し、経営力強化を狙うものである。

令和元年7月、「中小企業等経営強化法」の一部改正（中小企業強靭化法）により、新たに「事業継続力強化」が創設された。

① 「創業」について

支援の対象はこれから事業を開始しようとする個人もしくは創業5年未満の事業者である。

② 「経営革新」について

経営革新計画は「新事業活動」に取り組み、「経営の相当程度の向上」を達成する内容であることが必要である。向上度は付加価値額と経常利益の伸び率によって判断する。

③ 「経営力向上計画」について

「経営力向上計画」は、人材育成、コスト管理等のマネジメントの向上や設備投資など、自社の経営力を向上するために実施する計画である。

④ 「事業継続力強化」について

自然災害の頻発化、経営者の高齢化等により、多くの中小企業で事業活動の継続が危ぶまれているなか、事業活動の継続に資する計画を認定し取組を支援する施策である。

　中小企業等経営強化法は、平成28（2016）年7月に、中小企業新事業活動促進法が改正されてできた法律である。

　令和元（2019）年7月には、「中小企業の事業活動の継続に資するための中小企業等経営強化法等の一部を改正する法律」（通称「中小企業強靭化法」）が施行された。この法改正により、従来の中小企業等経営強化法の支援メニューに加えて、新たに「事業継続力強化支援」が追加された。

　また、令和2（2020）年10月には、「中小企業の事業承継の促進のための中小企業における経営の承継の円滑化に関する法律等の一部を改正する法律」（中小企業成長促進法）が施行された。この法改正により、従来の支援メニューにあった「異分野連携新事業分野開拓計画」（新連携）が「経営革新計画」に統合さ

れ廃止となった。

1 法律目的と支援策

中小企業等経営強化法は、中小企業等の多様で活力ある成長発展が経済の活性化に果たす役割の重要性に鑑み、「①**創業**」及び新たに設立された企業の事業活動の支援、中小企業の「②**経営革新**」及び異分野の中小企業の連携による新事業分野開拓並びに中小企業等の「③**経営力向上**」の支援並びに中小企業の「④**事業継続力強化**」の支援を行うとともに、地域におけるこれらの活動に資する事業環境を整備すること等により、中小企業等の経営強化を図り、もって国民経済の健全な発展に資することを目的としている。

本書では5つの主な支援策について、それぞれ以下の論点で解説していく。

【 中小企業等経営強化法における主な支援策 】

1	「創業」の支援
2	「経営革新」の支援
3	「経営力向上」の支援
4	「事業継続力強化」の支援

①「創業」の支援（及び新たに設立された企業の事業活動の支援）

創業の支援について、対象となるのは以下のとおりである。

- これから事業を開始しようとする個人
- 創業5年未満の事業者

②「経営革新」の支援

中小企業者等が、経営の向上を図るために新たな事業活動を行う経営革新計画の承認を受けると、低利な融資制度や信用保証の特例など多様な支援を受けることができる。

【 経営革新計画のスキーム 】

① 国（主務大臣）が基本方針を定める
② 中小企業者が上記基本方針に基づき経営革新計画を作成
③ **都道府県知事**（単一の都道府県にとどまらない時は**国（主務大臣）**）が確認
④ 承認されると各種支援策が利用可能

※太字部分は過去に出題実績あり。承認機関も押さえておこう。

1）経営革新計画の要件

経営革新計画は、「**新事業活動**」に取り組み、「**経営の相当程度の向上**」を図ることを目的に策定する中期的な経営計画書である。「新事業活動」とは、以下の4つの分類の、いずれかに該当するものをいう。

①新商品の開発または生産

②新役務（サービス）の開発または提供

③商品の新たな生産または販売の方式の導入

④役務（サービス）の新たな提供の方式の導入その他の新たな事業活動

なお、自社にとって「新たな事業活動」であれば、すでに他社において採用されている技術・方式を活用する場合においても、原則として承認対象となる。ただし、業種ごとに同業の中小企業ですでに相当程度普及している技術・方式等の導入については、対象外となる。

「経営の相当程度の向上」とは、**3～5年間の事業期間**（研究開発期間を含む計画期間は3～8年）であり、付加価値額[※1]または従業員1人当たりの付加価値額が**年率平均3％以上伸び**、**かつ給与支給総額[※2]が年率平均1.5%以上伸びること**が必要である。

（※1）**付加価値額＝営業利益＋人件費＋減価償却費**

（※2）**給与支給総額＝役員並びに従業員に支払う給料、賃金及び賞与＋給与所得とされる手当**

計画期間	A「付加価値額または従業員1人当たりの付加価値額」の伸び率	B「給与支給総額」の伸び率
3年計画	9％以上	4.5％以上
4年計画	12％以上	6％以上
5年計画	15％以上	7.5％以上

出所：東京都産業労働局編「経営革新計画」資料を参考に作成

2）支援措置

経営革新計画が承認されると、以下の各種支援策について申請できる権利が発生する。なお、各種支援策を利用するときには、別途個別の審査が必要となる（経営革新計画が承認されただけで利用できるわけではないことに注意）。

①政府系金融機関の特別利率による融資制度等（通常より低い利率での融資）
②信用保証の特例（保証限度額を別枠化。限度額は【論点22】参照）
③中小企業投資育成株式会社法の特例（資本金3億円超でも投資対象となる）

③「経営力向上」の支援

　経営力向上とは、事業者が、事業活動に有用な知識または技能を有する人材の育成、財務内容の分析の結果の活用、商品または役務の需要の動向に関する情報の活用、経営能率の向上のための情報システムの構築その他の経営資源を高度に利用する方法を導入して事業活動を行うことにより、経営能力を強化し、経営の向上を図ることをいう。

1）対象事業者

　認定を受けられる中小企業者の範囲は下表のとおりである。なお、令和5年3月31日までは、「資本金10億円以下かつ従業員数2,000人を超える場合」も経営力向上計画の認定対象であったが、現在は認定対象外である。

【 認定を受けられる中小企業者等の範囲 】

形態	● 会社または個人事業主 ● 医業・歯科医業を主たる事業とする法人（医療法人等） ● 社会福祉法人 ● 特定非営利活動法人
従業員数	2,000人以下

出所：中小企業庁「経営力向上計画策定の手引き」を参考に作成

2）経営力向上計画のスキームと内容

①政府による事業分野の特性に応じた指針の策定

　国は、基本方針に基づき、事業分野ごとに生産性向上（「経営力向上」）の方法等を示した事業分野別の指針を策定する。

②中小企業・小規模事業者等による経営力向上に係る取組の支援

　中小企業・小規模事業者等は、事業分野別指針に沿って、「経営力向上計画」を作成し、国（主務大臣）の認定を受けることができる。

【 中小企業等経営強化法における経営力向上計画の基本的スキーム 】

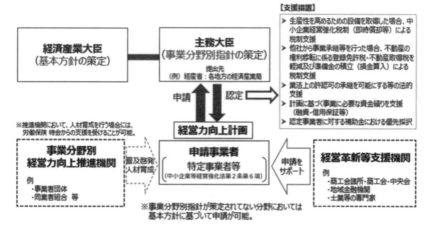

出所：中小企業庁編『2023年度版中小企業施策利用ガイドブック』

3) 支援措置

経営力向上計画が認定されると、以下の支援措置が受けられる。

①税制措置

認定計画に基づき取得した一定の設備や不動産について、法人税や不動産取得税等の特例措置を受けることができる。

②金融支援

政策金融機関の融資、民間金融機関の融資に対する信用保証、債務保証等の資金調達に関する支援を受けることができる。

③法的支援

業法上の許認可の承継の特例、組合の発起人数に関する特例、事業譲渡の際の免責的債務引受に関する特例措置を受けることができる。

④「事業継続力強化」の支援

近年、全国各地で頻発している自然災害は、個々の事業者の経営だけでなく、日本のサプライチェーン全体にも大きな影響を及ぼすおそれがある。事業継続力強化とは、中小企業の自然災害に対する事前対策（防災・減災対策）を促進し、事業活動の停止リスクを最小限に抑えることである。

1) 事業継続力強化計画の概要

　防災・減災に取り組む中小企業・小規模事業者が作成した防災・減災の事前対策に関する計画（事業継続力強化計画）に対し、国（経済産業大臣）が認定を行う。

【計画に記載する項目の事例】

- ハザードマップ等を活用した自然災害リスクの確認方法
- 安否確認や避難の実施方法など、発災時の初動対応の手順
- 人員確保、建物・設備の保護、資金繰り対策、情報保護に向けた具体的な事前対策
- 訓練の実施や計画の見直しなど、事業継続力強化の実行性を確保するための取組 等

2) 支援措置

　事業継続力強化計画が認定されると、以下の各種支援策について申請できる。なお、各種支援策を利用するときは、別途個別の審査が必要となる場合がある。

①政府系金融機関の特別利率による融資制度等（社会環境対応施設整備資金融資制度（BCP融資））

②信用保証枠の拡大等の特例

③防災・減災設備に対する税制措置

④補助金の優先採択

⑤中小企業庁HPでの認定企業の公表

⑥認定企業専用ロゴマークの使用

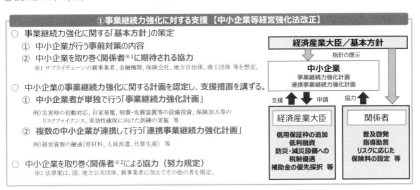

出所：中小企業庁HP「中小企業の事業活動の継続に資するための中小企業等経営強化法等の一部を改正する法律案【中小企業強靱化法案】の概要」

追加 | ポイント

「経営革新」について
経営革新計画の要件（「付加価値額」「給与支給総額」の伸び率や定義）は計算問題の出題実績があるので、対応できるようにしておきたい。
支援内容については、正誤問題で間違い探しをさせる出題実績があるので、余裕があれば押さえておきたい。
「経営力向上」について
経営力向上計画は、事業分野別指針が策定されていない分野においても、基本方針に基づいて申請ができることとなっている。
「事業継続力強化」について
事業継続力強化に関する計画には、中小企業者が単独で行う「事業継続力強化計画」と複数の中小企業が連携して行う「連携事業継続力強化計画」がある。

A 論点10　補助金制度

ポイント

中小企業向けの補助金はさまざまな制度が存在しているが、特に出題されやすいのが「ものづくり・商業・サービス生産性向上促進補助金」と「小規模事業者持続化補助金」である。

1 ものづくり・商業・サービス生産性向上促進補助金（ものづくり補助金）

ものづくり補助金は、中小企業・小規模事業者等が今後複数年にわたり相次いで直面する制度変更（働き方改革や被用者保険の適用拡大、賃上げ、インボイス導入等）等に対応するため、中小企業・小規模事業者等が取り組む革新的サービス開発・試作品開発・生産プロセスの改善を行うための設備投資等を支援する制度である。

対象：以下の要件を満たす**事業計画（3～5年）**を策定し実施する中小企業・小
　　　規模事業者等。

　　　① **付加価値額の年率3％以上向上**

　　　② **給与支給総額の年率1.5％以上向上**

　　　③ **事業場内最低賃金を地域別最低賃金＋30円以上の水準とする**

支援内容：

　●補助上限額（※）

　　通常枠、デジタル枠：750万円～1,250万円（従業員規模による）

　　グリーン枠：750万円～4,000万円（従業員規模および、申請類型による）

　　グローバル市場開拓枠：3,000万円

　●補助率（※）

　　通常枠：中小企業1/2、小規模事業者等2/3

　　デジタル枠：2/3

　　グリーン枠：2/3

　　グローバル市場開拓枠：中小企業1/2、小規模事業者等2/3

　（※）令和5年9月更新の16次締切分の公募要領より主な申請枠の補助上限額、補助率を
　　　　抜粋して記載。

なお、令和4年度までのJAPANブランド育成支援等事業については、ものづくり補助金のグローバル市場開拓枠のうち、海外市場開拓（JAPANブランド）類型に統合された。

その他：

　事業計画の策定にあたっては、**「中小サービス事業者の生産性向上のためのガイドライン」**または「中小企業の特定ものづくり基盤技術の高度化に関する指針」（【論点27】参照）を参考にする必要がある。

（参考）中小サービス事業者の生産性向上のためのガイドライン

　経済産業省が策定し、中小企業の約8割を占めるサービス事業者に向けて生産性向上に取り組む際の参考となる手法と取組事例を示したガイドライン。

❷ 小規模事業者持続化補助金（一般型）

　小規模事業者持続化補助金は、小規模事業者が変化する経営環境の中で持続的に事業を発展させていくため、経営計画を作成し、販路開拓や生産性向上に取り組む費用等を支援する制度である。

対象：常時使用する従業員が20人（商業・サービス業（宿泊業・娯楽業を除く）の場合は5人）以下の法人・個人事業主。

支援内容：
- 補助上限額：50万円（単独申請）、500万円（共同申請）
  ※共同申請は最大10者の連携が可能だが1者あたりの上限は50万円
- 補助率：2/3

❸ 事業再構築補助金

　事業再構築補助金は、新型コロナウイルス感染症の影響が長期化し、当面の需要や売上の回復が期待しにくいなか、ウィズコロナ・ポストコロナの時代の経済社会の変化に対応するために新市場進出（新分野展開、業態転換）、事業・業種転換、事業再編、国内回帰またはこれらの取組を通じた規模の拡大等、思い切った事業再構築に意欲を有する中小企業等の挑戦を支援することで、日本経済の構造転換を促すことを目的とする制度である。

※要件や支援内容については、令和5年9月更新の第11回公募要領より抜粋し記載。

＜成長枠＞

要件：

① 事業再構築指針に示す「事業再構築」の定義に該当する事業であること

② 事業計画について認定経営革新等支援機関の確認を受けていること

③ 補助事業終了後3～5年で**付加価値額の年率平均4.0％以上増加または従業員一人当たり付加価値額の年率平均 4.0％以上増加**

④ 取り組む事業が、過去～今後のいずれか**10年間で、市場規模が10％以上拡大**する業種・業態に属していること

⑤ 事業終了後3～5年で**給与支給総額を年率平均2％以上増加**

支援内容：

● 補助上限額：2,000万円～7,000万円（従業員規模による）

● 補助率

中小企業者等：1/2（大規模な賃上げを行う場合は2/3）

中堅企業等：1/3（大規模な賃上げを行う場合は1/2）

その他、物価高騰対策・回復再生応援枠やグリーン成長枠などがある。

追加 ポイント

補助金制度に関する出題頻度は高いので、各補助金制度の対象者や要件等を押さえておきたい。

論点11 中小企業組合

中小企業組合の代表的な根拠法として、「①中小企業等協同組合法」「②中小企業団体の組織に関する法律」「③商店街振興組合法」の3つがある。
それぞれの法に基づく組合として、①は「事業協同組合」「企業組合」、②は「協業組合」「商工組合」、③は、「商店街振興組合」などが代表的なものである。
主な中小企業組合について、違いを意識して押さえること。最低限、図表内の下線部は理解しておきたい。

　中小企業組合とは、中小企業者等が組織化し、相互扶助の精神に基づき協同して事業に取り組むことによって、技術・情報・人材等不足する経営資源の相互補完を図るための組織のことをいう。

　本書では試験に関係が深い5つの組合について解説していく。

🚺 各根拠法に基づく組合

① 「中小企業等協同組合法」に基づく主な組合

■事業協同組合

　中小企業者が、新技術・新商品開発、新事業分野・市場開拓、共同生産・加工・販売等の事業を共同で行うことにより、事業者の新事業展開、経営革新、経営効率化等を図るための組合である。最近では、異業種連携による技術等の経営資源の相互補完により新事業展開を目指すものが増えてきている。

■企業組合

　個人が創業する際に、会社に比べ少額の資本で法人格及び有限責任を取得できるように考えられた、いわば簡易な会社ともいうべき組合である。企業組合には最低資本金規制はない。最近では、企業をリタイアした人材や主婦、高齢者、SOHO事業者[※]等が自らの経験、ノウハウ等を生かして、働く場を作ろうとするケースが増えており、福祉介護、託児所開設（保育士・看護師の経験を生かした創業）、地元特産品の開発、ソフトウェア開発、インターネットを活用したビジネス等、さまざまな分野での創業に活用されている。

（※）SOHO事業者とは、「IT（情報通信技術）を活用して事業活動を行っている従業員10名以下程度の規模の事業者、または個人」のことをいう。

②「中小企業団体の組織に関する法律」に基づく主な組合
■協業組合
　4社以上の事業者が、互いの事業の全部または一部を統合（協業）することにより生産性の向上を図ることを目的とする組合である。古い生産設備を廃棄し、最新鋭の設備を共同で導入することにより生産工程を協業化するケース、原材料の仕入や販売部門を効率化するため数社で協業化するケース、部品加工業者と完成品メーカーによる一貫生産等に活用されている。
■商工組合
　業界全体の改善発達を図ることを目的とした、同業者による業界を代表する組合である。原則として1都道府県以上の地域を地区として、地区内に1組合とされており、区内の資格事業者の2分の1以上が参加するものであることが設立要件である。組合事業としては、情報収集・提供、指導教育、調査研究事業等のほか共同経済事業を行うことができる。

③「商店街振興組合法」に基づく主な組合
■商店街振興組合
　商店街が形成されている地域において、小売業・サービス業が中心に組織化されているもので、設立に際しては、組合地区の重複は禁止されている。組合事業としては、アーケード・街路灯などの環境整備事業や共同経済事業で、商店街としての街づくりをねらいとしている。

② 主な中小企業組合の比較

	事業協同組合	企業組合	商工組合	協業組合	商店街振興組合
目的	組合員の経営の近代化・合理化、経営活動の機会の確保	働く場の確保、経営の合理化	組合員の事業の改善発達、経営の安定合理化	組合員の事業を統合、規模を適正化し生産性向上、共同利益の増進	商店街地域の環境整備
性格	人的結合体	人的結合体	人的結合体	人的・**物的結合体**	人的結合体
事業	組合員の事業を支援する共同事業	商業、工業、鉱業、運送業、サービス業等の事業経営	指導調査、調査研究、共同経済事業（出資組合のみ）	組合員の事業の統合、関連事業、付帯事業	商店街の環境整備、共同経済事業
設立要件	4人以上の事業者が参加すること	4人以上の**個人**が参加すること	1都道府県以上の区域を地区として地区内で資格事業を行う者の**2分の1以上**が参加すること	4人以上の事業者が参加すること	1都道府県以内の区域を地区として商業又はサービス業を営む事業者の**30人以上**が近接してその事業を営むこと
組合員資格（社員）	地区内の小規模事業者（概ね中小企業者）	個人（一定割合にて法人可）	地区内において資格事業を営む中小企業者及び定款に定めたときは3分の1未満の中小企業者以外の者	中小企業者（組合員の推定相続人を含む）及び定款で定めたときは4分の1以内の中小企業者以外の者	地区内で商業又はサービス業を営む者、定款で定めたときはこれ以外の者（商業サービス事業者の割合が1/2以上であること）
責任	有限責任	有限責任	有限責任	有限責任	有限責任
発起人数	4人以上	4人以上	4人以上	4人以上	**7人以上**
加入	自由	自由	自由	総会の**承諾**が必要	自由
脱退	自由	自由	自由	**持分譲渡による**	自由
組合員比率	ない	**全従業員の1/3以上**	ない	ない	ない
従事比率	ない	**全組合員の1/2以上**	ない	ない	ない
1組合員の出資限度（社員）	100分の25（脱退の場合100分の35）	100分の25（合併・脱退の場合100分の35）	100分の25（合併・脱退の場合100分の35）	100分の50（中小企業者でない者全員の**出資総額は100分の50）未満**	100分の25
議決権	平等（1人1票）	平等（1人1票）	平等（1人1票）	平等（但し定款で定めたときは出資比例の議決権も可能）	平等（1人1票）
員外利用限度	原則として組合員の利用分量の100分の20まで	ない	共同経済事業のみ適用（原則として組合員の利用分量の100分の20まで）	ない	組合員の利用分量の100分の20まで
配当	利用分量配当及び10%までの出資配当	利用分量配当及び10%までの出資配当	利用分量配当及び10%までの出資配当	定款に定める場合を除き出資配当	利用分量配当及び10%までの出資配当
根拠法	**中小企業等協同組合法**（制定：昭和24年）		**中小企業団体の組織に関する法律**（制定：昭和33年）		**商店街振興組合法**（制定：昭和37年）

出所：佐賀県中小企業団体中央会HP「組合制度の比較」より抜粋

❸ 主な中小企業組合から他の組合や会社への組織変更

　組合形態で創業した事業が軌道に乗り、従業員や資本を増加させて更なる事業拡大を図ろうとしている組合や、連携組織による研究開発成果を事業化しようとする組合などのため、組合（事業協同組合、企業組合、協業組合）から株式会社等への組織変更規定がある。

　また、組合数はいずれも減少傾向であるが、企業組合のみ平成19年あたりまで増加傾向がみられたことがある。以下の表に載っている数は平成29年3月末現在の数字であるが、おおよその数と順位を押さえておきたい。

【 変更可能な組織と組合数 】

	事業協同組合	企業組合	商工組合	協業組合	商店街振興組合
変更可能な組織	・株式会社 ・商工組合 ・協業組合	・株式会社 ・協業組合	・事業協同組合	・株式会社	変更できない
組合数	28,970	1,806	1,224	784	2,618
組合数の多さ	1番	3番	4番	5番	2番

出所：群馬県中小企業団体中央会HP「中小企業組合制度」より抜粋

関連情報

　平成11（1999）年に制度改正があり、中小企業組合から会社への組織変更規定が創設された。これにより、組合の資産に対して清算課税や検査役の検査が行われることなく、組合の事業実績（研究開発の成果等）や設備などをそのまま活用でき、事業を休止することなく会社へと円滑に組織変更することが可能となり、組合制度がより一層活用しやすくなっている。

追加 ポイント

各組合に特有の特徴が試験でよく問われるポイントなので、確実に押さえておきたい。具体的には、①「商店街振興組合」の発起人数が7人以上であること、②「企業組合」の組合員比率（全従業員の1/3以上）、③「企業組合」の従事比率（全組合員の1/2以上）、④組合は「平等の原則」があり議決権についても1人1票が基本だが、「協業組合」だけは議決権に出資比例も認めていること、などが頻出である。

過去問

令和2年度　第18問（設問1）商店街振興組合の設立要件
令和2年度　第18問（設問2）商店街振興組合の特徴

論点12 中小企業の会社形態（有限責任事業組合と合同会社）

ポイント

有限責任事業組合（LLP）の特徴は、法人格がなく、有限責任、権限や利益配分が自由、構成員課税（パススルー課税）である。
LLPは組合のため、出資人数は2名以上必要である。

　海外では、ベンチャー企業や中小企業の連携、高い専門性を有する個人同士の連携による共同事業を振興するため、LLP（Limited Liability Partnership：有限責任事業組合）やLLC（Limited Liability Company：合同会社）という事業体制度が整備され、大きな効果を上げている。そこで日本でも、平成17（2005）年8月に「有限責任事業組合契約に関する法律（LLP法）」を制定し、以下の3つの特徴を持つ、共同事業のための新たな事業体制制度を創設した。

1 有限責任事業組合（LLP）とは

　有限責任事業組合（LLP）は、参加する組合員が個性や能力を発揮しながら共同事業を行うことができる新しい組織形態である。あくまで組合であり、法人格はない。その特徴は、以下のとおりである。

① 組合員の責任の範囲

　組合員が出資価額の範囲までしか事業上の責任を負わない有限責任である。

② 組合事業の運営方法

　組織の内部ルールが法律によって詳細に定められているのではなく、組合契約書によって組織構造を柔軟に設定でき、また組合員の組合事業への貢献度に応じて、出資比率とは異なる損益や権限（議決権）の分配が可能となる。

③ 構成員課税（パススルー課税）

　株式会社では、利益が出た場合に会社に対して法人税が課税され、さらにその配当を受け取った出資者にも課税される。そのため結果として税金が二重に課税される。それに対して、LLPには法人格がないため、利益が出た場合にLLPに対しては課税されず、LLPの組合員に対して直接課税される。

【 法人課税と構成員課税のイメージ 】

	法人課税	構成員課税
事業での利益	10,000万円	10,000万円
法人税 (40%)	4,000万円	なし
法人税後利益	6,000万円	10,000万円
所得税 (40%)	2,400万円	4,000万円
所得税後利益	3,600万円	6,000万円

❷ 合同会社 (LLC) とは

　合同会社 (LLC) とは、平成18 (2006) 年5月施行の「会社法」で創立された新しい会社形態である。詳細な説明は経営法務に譲るが、合名会社、合資会社と同じように持分会社の一つとなる。合同会社は組合ではないため、法人格がある。

　以下の表では、合同会社、有限責任事業組合、株式会社を比較しているので、違いを意識して理解してほしい。

【 株式会社、合同会社 (LLC) 、有限責任事業組合 (LLP) の違い 】

	株式会社	合同会社 (LLC)	有限責任事業組合 (LLP)
設立時の定款	認証必要	認証不要	定款は不要、代わりに有限責任事業組合契約書が必要
人数	1名以上	1名以上	2名以上
株式上場	可能	不可	不可
法人格	あり	あり	なし
株式会社への変更	—	可能	不可
権限や利益の配分	出資額に原則比例	出資額に関係なく自由に決められる	出資額に関係なく自由に決められる
決算公告義務	あり	なし	なし
課税	法人課税	法人課税	構成員課税 (パススルー課税)

出所：J-Net21HP「ビジネスQ&A」を参考に作成

過去5年間での出題はない。

A 論点13 下請代金支払遅延等防止法（下請法）

ポイント

下請法の対象は、「下請業務の種類」と互いの「資本金額」で決まる。
親事業者の義務としては、「発注書面の交付義務」「発注書面の作成・保存義務」「支払期日を定める義務」「支払遅延が生じた場合は遅延利息の支払義務」の4つがある。

取引関係で弱者となりやすい下請事業者の利益を保護し、取引の適正化を推進するために、「下請代金支払遅延等防止法」を定めている。下請取引における親事業者の義務と禁止事項を定めている。

1 法律の適用範囲

親事業者が下請事業者に物品の製造、修理、情報成果物（ソフトウェア等）の作成または役務（運送、情報処理、ビルメンテナンス等）の提供を委託したときに適用される。建設工事の請負については、「建設業法」が適用されるため対象外である。親事業者・下請事業者は、下図のとおり下請の業務種類と互いの資本金額によって決まる。

【 下請代金支払遅延等防止法の範囲 】

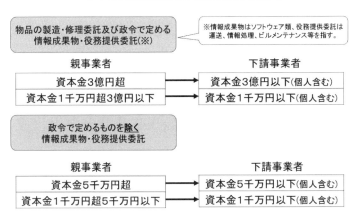

出所：中小企業庁HP「下請代金支払遅延等防止法」を参考に作成

2 親事業者の義務・禁止行為

親事業者の義務と禁止行為は、それぞれ下表のとおりである。

【 親事業者の義務 】

発注書面の交付義務	委託後、直ちに、給付の内容、下請代金の額、支払期日及び支払方法等の事項を記載した書面を交付する義務。
発注書面の作成、保存義務	委託後、給付、給付の受領（役務の提供の実施）、下請代金の支払等について記載した書類等を作成し、保存する義務（2年間）。
下請代金の支払期日を定める義務	下請代金の支払期日について、給付を受領した日（役務の提供を受けた日）から60日以内で、かつできる限り短い期間内に定める義務。
遅延利息の支払義務	支払期日までに支払わなかった場合は、給付を受領した日（役務の提供を受けた日）の60日後から、支払を行った日までの日数に、年率14.6%を乗じた金額を「遅延利息」として支払う義務。

【 親事業者の禁止事項 】

受領拒否の禁止	下請事業者に責任がないにもかかわらず、給付の受領を拒むこと。
下請代金の支払遅延の禁止	下請代金を、受領後60日以内に定められた支払期日までに支払わないこと。
下請代金の減額の禁止	下請事業者に責任がないにもかかわらず、下請代金の額を減ずること。
返品の禁止	下請事業者に責任がないにもかかわらず、給付を受領した後、下請事業者にその給付に係る物を引き取らせること。
買いたたきの禁止	通常支払われる対価に比べ著しく低い下請代金の額を不当に定めること。
物の購入強制・役務の利用強制の禁止	自己の指定する物を強制して購入させ、又は役務を強制して利用させること。
報復措置の禁止	中小企業庁又は公正取引委員会に対し、禁止行為を行ったことを知らせたとして、取引を停止するなど不利益な取扱いをすること。
有償支給原材料等の対価の早期決済の禁止	有償支給原材料等を自己から購入させた場合、支払期日より早い時期に相殺したり支払わせること。
割引困難な手形の交付の禁止	支払期日までに一般の金融機関で割引を受けることが困難な手形を交付すること。
不当な経済上の利益の提供要請の禁止	自己のために、金銭、役務などの経済上の利益を提供させること。
不当なやり直し等の禁止	下請事業者に責任がないにもかかわらず、給付の内容を変更させたり、受領後に給付をやり直させること。

出所：中小企業庁HP「下請代金支払遅延等防止法」より抜粋

試験では具体的な資本金額が記載された取引企業をもとに、下請法の対象になるかどうか判別させるパターンでよく問われるので、下請業務の種類と資本金額の組み合わせを確実に押さえておくこと。

また、試験でも問われやすい「親事業者の4つの義務」を優先して覚えること。

論点14 下請中小企業振興法に基づく支援

ポイント

> 下請中小企業振興法は下請中小企業の支援法としての性格を有しており、「振興基準」「振興事業計画制度」「特定下請連携事業計画制度」「下請企業振興協会」について定めている。
> 下請かけこみ寺では、中小企業が抱える取引に係る紛争を迅速・簡便に解決するため、裁判外紛争解決手続（ADR）等が活用できる。

　下請中小企業振興法（下請振興法）の目的は、親事業者の協力のもとに、下請中小企業の体質を根本的に改善し、下請性を脱した独立性のある企業に育てあげることであり、次の4つの柱からなっている。

🔳 振興基準の策定、指導および助言

　下請中小企業の振興のため、下請事業者及び親事業者のよりどころにする振興基準の策定とその基準に定める事項についての指導及び助言を行う。

🔳 振興事業計画制度

　下請事業者の組織する事業協同組合等がその親事業者の協力を得て、下請事業者の事業について振興事業計画を作成し国の承認を受け、計画達成に向けた金融上の助成措置等を講ずる制度。（下請事業者の事業とは、施設または設備の導入、共同利用施設の措置、技術の向上、事業の共同化など）
①信用保証の特例（保証限度額を別枠化。限度額は【論点22】参照）
②都道府県と中小企業基盤整備機構による高度化融資（無利子融資）

🔳 特定下請連携事業計画制度

　2以上の特定下請事業者が連携し新規事業を行い、「特定下請連携事業計画」を作成し国の認定を受け、金融上の助成措置等を講ずる制度。これは、連携によって新製品の開発や新たな生産方式の導入等の新事業活動を行うことで、親事業者以外の事業者・企業との取引を開始・拡大し、特定の親事業者への依存状態の改善を図る目的がある。

①信用保証の特例（保証限度額を別枠化）

②中小企業投資育成株式会社法の特例（資本金3億円超でも投資対象となる）

　なお、特定下請事業者とは、「下請事業者のうち、その行う事業活動についてその相当部分が長期にわたり特定の親事業者との下請取引に依存して行われている状態として経済産業省令で定めるもの^(※)にあるもの」をいう。

（※）前事業年度または前年度において、1つの特定親事業者への取引依存度が20％以上の下請事業者。

▲ 下請企業振興協会の充実・強化

　下請中小企業と親事業者との取引円滑化のために下請企業振興協会の充実・強化を図っている。下請企業振興協会の主な業務は次のとおりである。

・下請取引のあっせんを行うこと。

・下請中小企業の振興のために必要な調査または情報の収集、提供を行うこと。

・下請取引に関する苦情または紛争について相談に応じ、その解決についてあっせんまたは調停を行うこと。

■下請かけこみ寺

　中小企業が抱える取引に係る紛争を迅速・簡便に解決するため、全都道府県に配置した調停人（弁護士など）が相談者の身近なところで調停手続（ADR）を行っている。裁判によらず、弁護士による調停によって、当事者双方が納得いくまで話し合い、簡易迅速に解決を図るものである。

追加 ポイント

令和4年7月に下請中小企業振興法の「振興基準」の改定により、主に以下の事項が追加された。
1) 価格交渉・価格転嫁、2) 支払方法・約束手形、3) パートナーシップ構築宣言、
4) 知財取引・その他

過去5年間での出題はない。

論点15 その他経営に関する支援

ポイント

> 産業競争力強化法に基づく認定特定創業支援事業の支援を受けた創業者に
> 対する支援がある。
> BCPとは企業が自然災害などに備えた計画のことを指し、中核事業の特
> 定と目標復旧時間を定めることが重要である。

1 産業競争力強化法に基づく創業支援

　産業競争力強化法において、市区町村が民間事業者と連携し、創業支援を行っ
ていく取組みを応援することとしている。

特定創業支援を受けた創業者への支援

・認定を受けた特定創業支援事業の支援を受けた創業者が株式会社を設立する
　際、登記にかかる登録免許税を軽減（資本金の0.7％→ 0.35％）
　※最低税額は通常15万円のところ7.5万円に減額

・本来は創業2か月前（会社設立でない場合は1か月前）から実施される創業関
　連保証について、事業開始6か月前から保証可能

・日本政策金融公庫の「新規開業支援資金」において金利の引き下げ対象とな
　る

2 緊急事態への備え：BCP（事業継続計画）

　企業が自然災害、大火災、テロ攻撃などの緊急事態に遭遇した場合におい
て、事業資産の損害を最小限にとどめつつ中核となる事業の継続あるいは早期
復旧を可能とするために、平常時に行うべき活動や緊急時における事業継続
のための方法、手段などを取り決めておく計画のことをBCP（事業継続計画：
Business Continuity Plan）という。

　これに対し、国は「中小企業BCP策定運用指針」を策定し、中小企業庁の
HPで公開している。その中に記載された特徴は下記である。

〈特徴〉

①優先して継続・復旧すべき<u>中核事業を特定</u>すること

②緊急時における**中核事業の目標復旧時間**を定めておくこと

③緊急時に提供できるサービスのレベルについて顧客と予め協議しておくこと

④事業拠点や生産設備、仕入品調達等の代替策を用意しておくこと

⑤すべての従業員と事業継続についてコミュニケーションを図っておくこと

❸ 地域団体商標制度

　地域団体商標制度は、地域ブランドを商標権としてより早く、より適切に保護することを可能とすることを目的に策定され、これまで商標権として認められることが難しかった**「地域名＋商品・役務名」**に登録することが可能となった。平成26 (2014) 年8月1日からは、事業協同組合に加え、商工会・商工会議所、特定非営利活動法人 (NPO 法人) 並びにこれらに相当する外国の法人も、地域団体商標の出願をすることができるようになった。

追加 ポイント

特定創業支援を受けた創業者は、各市町村から証明書の発行を受けて各種支援措置を利用できる。

過去問 過去5年間での出題はない。

A　論点16　共済制度

ポイント

中小企業退職金共済制度は従業員向けの退職金共済で、直接支払われる。
中小企業倒産防止共済制度は連鎖倒産に対応した無担保・無保証人・無利子の制度である。
小規模企業共済制度は経営者向けの退職金共済で、個人の所得から控除される。

1 中小企業退職金共済制度（略称：中退共制度）

　中退共制度は、昭和34（1959）年に**中小企業退職金共済法**に基づき設けられた中小企業のための国の退職金制度であり、**国の助成**がある。独立行政法人**勤労者退職金共済機構・中小企業退職金共済事業部**（略称：中退共）が運営している。

　事業主が中退共と退職金共済契約を結び、毎月の掛金を金融機関に納付し、従業員が退職したときは、その従業員に中退共から**退職金が直接支払われる**ことが特徴である。

2 中小企業倒産防止共済制度（略称：倒産防止共済）

　中小企業倒産防止共済制度は「経営セーフティ共済」とも呼ばれ、**中小企業基盤整備機構**が提供する取引先事業者が倒産した際に、中小企業が連鎖倒産や経営難に陥ることを防ぐための制度である。**1年以上**継続して事業を行っている中小企業者で、掛金納付月数が**6か月以上**ある加入者を対象に、**無担保・無保証人・無利子で掛金の最高10倍（上限8,000万円）**まで借入れでき、**掛金は損金または必要経費に算入できる**税制優遇も受けられる。

　なお、貸付けを受けた場合、その共済金の10分の1に相当する額が掛金総額から控除される。

3 小規模企業共済制度（略称：小規模企業共済）

　小規模企業共済制度は、**中小企業基盤整備機構**が運営する小規模企業の経営

者や役員、個人事業主などのための、**積み立てによる退職金制度**である。掛金は全額を所得控除（個人の所得からの控除）でき、高い節税効果がある。また、共済金の受け取り方は**「一括」「分割」「一括と分割の併用」が可能**であり、**掛金の範囲内**で事業資金の貸付制度を利用可能である。協業組合の役員、農事組合法人の役員、士業法人の社員、個人事業主の共同経営者も加入できる。

【 3類型の共済制度まとめ 】

	中退共制度	倒産防止共済	小規模企業共済
制定年度	1959年	1977年	1965年
根拠法	中小企業退職金共済法	中小企業倒産防止共済法	小規模企業共済法
運営機関	勤労者退職金共済機構	中小企業基盤整備機構	
内容	従業員の退職金支給	連鎖倒産防止のための貸付	経営者の退職金支給
被共済者	従業員	中小企業	経営者
掛金の税法上の扱い	法人：損金 個人：必要経費	法人：損金 個人：必要経費	経営者本人の所得から控除
月額掛金	5千円〜3万円 （16種類）	5千円〜20万円 （5千円刻み）	1千円〜7万円 （500円刻み）

出所：勤労者退職金共済機構HPおよび中小企業基盤整備機構HPを参考に作成

追加 ポイント

頻出の論点のため、上記表をもとにそれぞれの特徴を把握しておく。
特に運営主体、保証・担保・利子や税金の取り扱いについて押さえておく。

論点17　政府系金融機関

ポイント

日本公庫は100％政府出資の政府系金融機関、商工中金は政府と民間が共同出資している政府系金融機関である。
商工中金は政府系金融機関で唯一、預金の受け入れ、債券の発行、国際為替、手形を通じた短期金融を行っている。

■ 株式会社日本政策金融公庫（日本公庫）

　株式会社日本政策金融公庫法に基づいて平成20（2008）年10月1日付で設立された**100％政府出資**の政策金融機関であり、財務省所管の特殊会社である。一般の金融機関が行う金融の補完や、国民一般、中小企業者及び農林水産業者の資金調達を支援するための金融機能などを促進し、もって国民生活の向上に寄与することを目的とする。

　日本政策金融公庫では、小規模事業者・創業企業を対象とした小口・無担保融資や創業サポートを行う国民生活事業、中小企業を対象とした長期固定金利の融資やマッチングサービスなど中小企業事業を行っている。

　令和2（2020）年3月には、中小企業・小規模事業者の業況が全国において急速に悪化していることを踏まえ、事業継続を強力に支援するために、日本政策金融公庫による「新型コロナウイルス感染症特別貸付」が発動された。一定の売上げ要件を満たした事業者は、別途措置された利子補給を受けることにより、信用リスクや担保の有無にかかわらず、元本据置き最大5年間、かつ実質無利子・無担保での借入れが可能となるなど、中小企業・小規模事業者の資金繰りや、事業継続を強力に支援するものとなった。

　また、財務状況の悪化した事業者支援のため、令和2年度第2次補正予算において日本政策金融公庫による「新型コロナ対策資本性劣後ローン」が発動され、資本性資金の供給も行っている。

❷ 株式会社商工組合中央金庫 (商工中金)

特別法 (株式会社商工組合中央金庫法) に基づく特殊会社で、**政府と民間団体が共同で出資する唯一の政府系金融機関**である。他の政府系金融機関に比して民間金融に近い性質を持つとされ、多くの政府系金融機関が融資のみに特化した機能を持つなか、**預金の受け入れ、債券の発行、国際為替、手形を通じた短期金融**など、「幅広い総合金融サービス」を行っている。

追加 ポイント

政府系金融機関は中小企業経営でも登場しやすいキーワードなので、役割を押さえておくこと。

過去問 過去5年間での出題はない。

A 論点18 政策に応じた融資制度

ポイント

> 日本政策金融公庫では政府政策に応じたきめ細やかな融資制度があり、一般金融機関に比べて、有利な内容 (新創業融資制度は無担保・無保証人でよい、など) になっている。

　政策に応じた融資制度として、日本政策金融公庫が取り扱うものの中から、代表的なものを4つ紹介する。

1 セーフティネット貸付制度

　社会的、経済的環境の変化等外的要因により、一時的に売上の減少等業況悪化をきたしているが、中長期的にはその業況が回復し発展することが見込まれる者に対し、**低利融資**を行う事業である。条件に応じ、3種類の資金がある。

　中小企業事業：中小企業向けの長期事業資金の融資

　国民生活事業：個人企業や小規模企業向けの小口資金の融資

【 セーフティネット貸付制度一覧 】

融資制度	対象	対象事業	融資限度	融資期間 (うち据置期間)
経営環境変化 対応資金	売上が減少しているなど業況が悪化している方	中小企業事業	7億2,000万円	設備資金：15年以内 (3年以内) 運転資金：8年以内 (3年以内)
		国民生活事業	4,800万円	
金融環境変化 対応資金	金融機関との取引状況の変化などにより、資金繰りに困難を来している方	中小企業事業	3億円	設備資金：15年以内 (3年以内) 運転資金：8年以内 (3年以内)
取引企業倒産 対応資金	取引企業などの倒産により経営に困難を来している方	中小企業事業	1億5,000万円	運転資金：8年以内 (3年以内)
		国民生活事業	3,000万円	

出所：日本政策金融公庫HPを参考に作成

② 担保を不要とする融資制度

担保（不動産、有価証券等）などの提供を不要とする融資事業である。**個人事業者は無担保・無保証人**であるが、**法人は無担保・代表者の方のみの保証**となる。

対象：
1. 税務申告を2期以上行っている者
2. 所得税等を完納している者（原則）

融資内容：
- 融資限度額：4,800万円
- 貸付期間：各融資制度に定める返済期間以内

③ 新創業融資制度

新たに事業を始める者や事業を開始して間もない者に**無担保・無保証人**で融資する制度である。

対象：
1. 新たに事業を始める者、または事業開始後税務申告を2期終えていない者
2. 新たに事業を始める場合、または事業開始後納税申告を1期以上終えていない場合は、創業資金総額の10分の1以上の自己資金を確認できる者

融資内容：
- 対象資金：事業開始時または事業開始後に必要となる事業資金
- 融資限度額：3,000万円（うち運転資金1,500万円）

4 女性、若者／シニア起業家支援資金

　女性または35歳未満か55歳以上の方であって、新たに事業を始める者や事業開始後おおむね**7年以内**の者に対し**低利融資**を行う事業である。

融資内容：
- 貸付限度額：
  - 【中小企業事業】　7億2,000万円（運転資金は2億5,000万円）
  - 【国民生活事業】　7,200万円（運転資金は4,800万円）
- 貸付期間：
  - 【中小企業事業】　設備資金　20年以内（うち据置期間2年以内）
  - 　　　　　　　　　運転資金　7年以内（うち据置期間2年以内）
  - 【国民生活事業】　設備資金　20以内（うち据置期間2年以内）
  - 　　　　　　　　　運転資金　7年以内（うち据置期間2年以内）

追加 ポイント

> 日本政策金融公庫の施策については、主幹事業（中小企業事業、国民生活事業）により融資限度額が異なる点や、担保・保証人の要否について押さえておきたい。

A 論点19 小規模事業者向けの融資制度

ポイント

マル経融資は、無担保、無保証人、低利の融資制度である。
小規模事業者経営発達支援融資制度は、経営発達支援計画の認定を受けた
商工会・商工会議所から、売上の増加や収益の改善、持続的な経営のため
の事業計画策定にあたり助言とフォローアップを受けることが要件である。
いずれの融資制度も対象は従業員20人以下の小規模事業者（商業・サー
ビス業は5人以下）である。

❶ 小規模事業者経営改善資金融資制度（マル経融資）

　マル経融資は、商工会議所や商工会などの経営指導を受けている小規模事業
者の商工業者に対し、経営改善に必要な資金を**無担保・無保証人・低利**で融資
する**日本政策金融公庫（国民生活事業）**の事業である。

〈対象〉

　**常時使用する従業員が20人（商業・サービス業（宿泊業・娯楽業を除く）の
場合5人）以下**の法人・個人事業主で、以下の要件をすべて満たし**商工会、商
工会議所等の長の推薦を受けた者**

- 商工会・商工会議所の経営指導員による経営指導を原則6か月以上受けていること
- 所得税、法人税、事業税、都道府県民税などの税金を原則として完納していること
- 原則として同一の商工会等の地区内で1年以上事業を行っていること
- 商工業者であり、かつ、日本政策金融公庫の融資対象業種を営んでいること

〈融資内容〉

- 融資限度額：2,000万円
- 貸付期間：設備資金10年以内（うち据置期間2年以内）
　　　　　　運転資金7年以内（うち据置期間1年以内）

☑ 小規模事業者経営発達支援融資制度

小規模事業者経営発達支援融資制度は、事業の持続的発展に取り組む小規模事業者を支援するため、**経営発達支援計画**の認定を受けた商工会・商工会議所による経営指導を受ける小規模事業者に対し、**日本政策金融公庫（国民生活事業）**が低利で融資を行う制度である。

〈対象〉

常時使用する従業員が20人（商業・サービス業（宿泊業・娯楽業を除く）の場合5人）以下の法人・個人事業主で、以下の要件をすべて満たす者

- 経営発達支援計画の認定を受けた商工会・商工会議所から、売上の増加や収益の改善、持続的な経営のための事業計画策定にあたり助言とフォローアップを受けること
- 地域経済の活性化のために、一定の雇用効果（新たな雇用または雇用の維持）が認められること
- 経営者及び従業員の知識、技能、管理能力の向上を図る研修に参加するなど人材の確保・育成に努めていること
- 商工業者であり、かつ、日本政策金融公庫の融資対象業種を営んでいること

〈融資内容〉

- 融資限度額：7,200万円（運転資金は4,800万円）
- 貸付期間：設備資金20年以内（うち据置期間は2年以内）
  運転資金8年以内（うち据置期間は2年以内）
  ※小企業者（従業員5人以下）については、設備資金、運転資金とも据置期間3年以内

追加 ポイント

マル経融資は低利である（無金利ではない）点を、過去の試験で問われているので注意する。また、マル経融資の申込先は、商工会・商工会議所である。

論点20　高度化事業による支援

> 高度化事業は都道府県と中小企業基盤整備機構が組んで、長期・低利融資を行う事業である。

　高度化事業は、工場と住宅が混在する地域問題の解消や街の活性化を目的とする集団化・集積整備などの実施にあたり、**都道府県と中小企業基盤整備機構**が助言を行いながら、財源を出し合い、**長期・低利の融資**を行う事業である。

1　高度化事業の種類

　主な高度化事業の種類は下表のとおりである。

【 主な高度化事業の種類 】

事業名	内容
集団化事業	中小企業者たちが組合を作って一つの団地または建物に集団で移転することで、事業者の経営課題や、騒音・煙害・狭隘道路対策、防災力の向上、地元産業の活性化などといった地域課題の解決を図る事業
集積区域整備事業	商店街など事業所が集まっている区域や、過去に集団化事業で形成された集積区域内での 、施設の増改築や新設、道路の拡幅、アーケード・カラー舗装、各商店の改装などにより、魅力・利便性の向上を図る事業
施設集約化事業	個々の企業では解決することが難しい課題を抱えている中小企業者が、組合や会社を設立し、ショッピングセンターや共同工場など、主に一つの建物を整備運営することで経営の合理化を図る事業
共同施設事業	物流センターや共同加工施設、共同研究所など、複数の企業が共同で利用したり、経営したりする施設を整備することで、経営の効率化を図る事業。商店街のアーケード・カラー舗装や共同駐車場の整備等にも活用できる。

出所：中小企業基盤整備機構HPを参考に作成

2　内容および資金の流れ

〈診断の実施〉

　事業計画の作成に関して都道府県から助言を受ける必要がある。また、作成した高度化事業計画については、**都道府県が診断を実施**する。診断では、当該高度化事業計画の妥当性についてあらゆる見地から検討が行われ、問題がある場合には、中小企業者は計画の修正を行う。なお、診断・助言は、**貸付後も随時**行われる。

〈資金の流れ〉

　高度化融資の貸付方法には、Ａ方式とＢ方式がある。Ａ方式は、１つの都道府県内で行われる事業に対する貸付方法で、都道府県が中小企業者に貸付を行う。Ｂ方式は、原則として、**２つ以上の都道府県にまたがる広域の事業に対する**貸付方法で、**中小企業基盤整備機構**が貸付を行う。

【 Ａ方式とＢ方式の資金の流れ 】

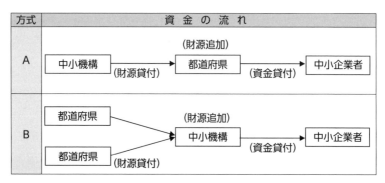

出所：中小企業庁HP『平成27年度中小企業施策総覧』p.247

〈特徴〉

- 貸付割合：原則として80％以内
- 貸付期間：20年以内（うち据置期間３年以内）

　　　　　※設備資金のみ（運転資金は対象外）

- 償還方法：年１回、または半年に１回
- 担保・保証人：都道府県または中小企業基盤整備機構の規程により徴求

追加 ポイント

> 高度化事業は診断と融資を一体的に行うことが特徴である。
> 高度化事業が都道府県と中小企業基盤整備機構による事業であることや、貸付条件（対象資金、貸付割合、貸付期間）について出題実績があるので押さえておくこと。
> 事業内容の地理的な範囲によりＡ方式・Ｂ方式と資金の流れが違うことに注意する。

過去問
　令和５年度　第22問（設問１）　高度化事業の融資概要
　令和５年度　第22問（設問２）　高度化事業の貸付条件

論点21　信用補完制度の概要

> 信用補完制度は信用保証制度と信用保険制度からなり、中小企業の多様な資金需要に応じるための基礎となる制度である。

　信用補完制度とは、「信用保証制度」と「信用保険制度」が連結したもので、下記のような一体化した仕組みにより資金繰りを円滑化する制度である。

　「信用保証制度」は中小企業者、金融機関、信用保証協会の3者から成り立つもので、信用保証協会が金融機関に対して中小企業の債務を保証する。万一中小企業からの返済が滞った場合には信用保証協会が中小企業者に代わって金融機関に返済する「代位弁済」を行う。

　「信用保険制度」は信用保証協会が日本政策金融公庫に対して再保険を行うもので、信用保証協会が代位弁済を行った場合に日本政策金融公庫が代位弁済額の70%、80%または90%を保険金として信用保証協会に支払うものである。

【 信用補完制度の概略 】

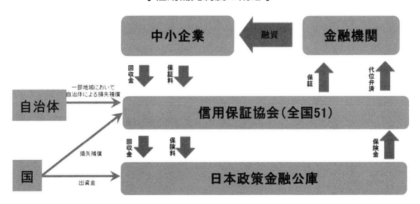

出所：中小企業庁HP

🔳 信用保険制度

　信用保証協会が日本政策金融公庫との間で、保証債務については保険契約を締結し、保険事故により信用保証協会が代位弁済した場合には、日本政策金融公庫から保険金が支払われる（代位弁済額の70％、80％または90％）。その後、信用保証協会は、代位弁済した中小企業者からの回収金を、保険金の受領割合に応じて日本政策金融公庫に納付する。

🔳 信用保証協会

　信用保証協会法によって設立される公益法人等である。中小企業の資金繰りの円滑化を図ることを目的としている。信用保証協会は**各都道府県に1協会ずつ**存在するほか、**横浜市、川崎市、名古屋市、岐阜市**にはその市を対象範囲とする信用保証協会が存在し、全国で51の信用保証協会がある。

過去問 過去5年間での出題はない。

論点22 信用保証協会による各種信用保証制度

ポイント

担保により普通保証、無担保保証、特別小口保証、流動資産担保融資保証
と分けられ、それぞれ一般保証と特例関連保証（別枠）がある。

■1 一般保証と特例関連保証

　信用保証協会による一般保証制度の限度額は保証の種類により、下表のとお
りとなっている。また、特例関連保証として別枠が設けられている。

【 一般関係保証と特例関連保証 】

	種類	一般保証限度額	特例関連		
			経営安定（セーフティネット）・災害・経営革新関連	創業等関連	創業関連
1	普通保証	2億円	2億円	－	－
2	無担保保証	8,000万円	8,000万円	1,500万円	2,000万円
3	特別小口保証	2,000万円	2,000万円	－	－
4	流動資産担保融資保証	2億円	－	－	－

出所：東京信用保証協会HP「信用保証の手引き［2019年度版］」を参考に作成

■2 セーフティネット保証制度（経営安定関連特例）

　取引先等の再生手続等の申請や事業活動の制限、災害、取引金融機関の破綻
等により経営の安定に支障を生じている中小企業者に対し、<u>一般保証と別枠で</u>
保証を行う制度である。この制度を利用するためには、所在地管轄の<u>市町村に
よる認定</u>を受ける必要がある。

　なお、平成30（2018）年4月から施行されている信用補完制度の見直しに
より、不況業種を対象としたセーフティネット保証の保証割合が<u>100％から
80％に変更</u>された（別枠は100％のまま）。

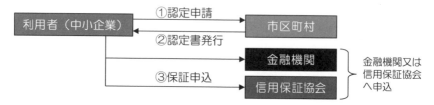

【 セーフティネット保証制度スキーム 】

出所：中小企業庁編『平成29年度版 中小企業施策利用ガイドブック』p.248

3 流動資産担保融資保証制度（ABL保証制度）

　中小企業事業者がもつ売掛債権や棚卸資産を担保として金融機関から借入を行う際に、保証を行う制度である。

〈特徴〉

- 保証限度額：2億円
- 保証割合：80％（よって借入限度額は2億5千万円まで）
- 代表者保証が必要である。
- 棚卸資産を担保とする場合は法人のみが保証対象となる。
- 近年、担保対象に電子記録債権が追加された。

追加 ポイント

　【一般関係保証と特例関連保証】の表に含まれている各制度の違いを押さえ、知識の定着を図ること。

過去5年間での出題はない。

B 論点23 事業承継に関する支援

ポイント

経営承継法は、税制支援、金融支援、遺留分に関する民法の特例の3つに加え、令和3年8月に所在不明株主に関する会社法の特例が追加された。都道府県知事の認定を受けること及び所要の手続きを経ることを前提に、所在不明株主からの株式買取り等に要する期間を5年から1年に短縮する特例を新設。

1 経営承継法 (経営承継円滑化法)

正式には「中小企業における経営の承継の円滑化に関する法律」といい、中小企業の事業承継をスムーズに行えるよう、相続税の税制措置、金融支援措置、遺留分に関する民法の特例の3本を柱として整備されたものである。

①事業承継税制

「事業承継税制」は、後継者が非上場会社の株式等(法人の場合)・事業用資産(個人事業者の場合)を先代経営者等から贈与・相続により取得した際、経営承継円滑化法における都道府県知事認定を受けたときは、贈与税・相続税の納税が猶予または免除される制度である。

平成30年度税制改正で、この事業承継税制について、これまでの措置(以下「一般措置」という)に加え、10年間の措置として、納税猶予の対象となる非上場株式等の制限(総株式数の最大3分の2まで)の撤廃や、納税猶予割合の引上げ(80%から100%)等がされた特例措置(以下「特例措置」という)が創設された。

また、令和4年度の税制改正により、事前の計画策定が1年延長され令和6 (2024)年3月31日までとなったほか、相続時精算課税の適用が20歳以上から18歳以上に変更となった。

【 特例措置と一般措置の要件の比較 】

	特例措置	一般措置
事前の計画策定	6年以内の特例承継計画の提出 （2018年4月1日から 2024年3月31日まで）	不要
適用期限	10年以内の贈与・相続等 （2018年1月1日から 2027年12月31日まで）	なし
対象株数	全株式	総株式数の最大3分の2まで
納税猶予割合	100%	贈与：100% 相続：80%
承継パターン	複数の株主から最大3人の後継者	複数の株主から1人の後継者
雇用確保要件	弾力化	承継後5年間 平均8割の雇用維持が必要
経営環境変化に対応した免除	あり	なし
相続時精算課税の適用	60歳以上の者から 18歳以上の者への贈与	60歳以上の者から18歳以上の 推定相続人・孫への贈与

出所：中小企業庁編『経営承継円滑化法申請マニュアル』

②金融支援

　会社や、後継者である個人事業主あるいは代表者個人が資金を必要とする場合に、日本政策金融公庫が低利融資制度により支援する。なお、経営承継円滑化法に基づく都道府県知事の認定を得た会社及び個人事業主が、事業承継に関する資金を金融機関から借り入れる場合には、信用保証協会の保証の特例（保証枠の別枠化）が用意されている。

③遺留分※に関する民法の特例

　後継者を含む経営者の推定相続人全員の合意により、経営者から後継者に生前贈与された自社株式について①遺留分算定の基礎財産から除外する「除外合意」と②遺留分算定の基礎財産に参入する際の価格を固定する「固定合意」がある。

　※遺留分とは、配偶者や子に民法上保証される最低限の資産承継の権利のこと。

【 除外合意・固定合意 】

①除外合意

　後継者が現経営者から贈与等によって取得した自社株式について、他の相続人は遺留分の主張ができなくなるので、相続紛争のリスクを抑えつつ、後継者に対して集中的に株式を承継させることができます。

②固定合意

　自社株式の価額が上昇しても遺留分の額に影響しないことから、後継者の経営努力により株式価値が増加しても、相続時に想定外の遺留分の主張を受けることがなくなります。

※ 固定する合意時の時価は、合意の時における相当な価額であるとの税理士、公認会計士、弁護士等による証明が必要です。

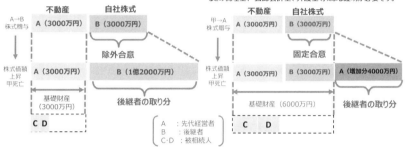

出所：中小企業庁HP『遺留分に関する民法特例のポイント（会社向け）』

④所在不明株主に関する会社法の特例

- 都道府県知事の認定を受けること及び所要の手続きを経ることを前提に、所在不明株主からの株式買取り等に要する期間を短縮する特例を新設（令和3年8月施行）。
- 会社法上、株式会社は、株主に対して行う通知等が「5年」以上継続して到達しない等の場合、当該株主（所在不明株主）の有する株式の買取り等の手続きが可能であるが、本特例によりこの「5年」を「1年」に短縮。

2 事業承継・引継ぎ支援センター

　中小企業者等の円滑な事業承継・引継ぎを促進するため、各都道府県に設置された「事業承継・引継ぎ支援センター」が相談対応をはじめ、事業承継計画の策定支援やマッチング支援等を行っている。

A 論点24 中小企業関連税制（全般）

ポイント

一般的に個人事業者向けの青色申告制度と、中小企業向けの税制がある。
その他、中小企業の設備投資については、さまざまな税制優遇処置（即時
償却、税額控除など）が受けられる。

1 青色申告制度（個人事業主向け）

会計取引を正規の簿記の原則に従った複式簿記により会計帳簿に記入し、税
務申告をする者に対し、税金優遇などの特典を与える所得税の確定申告制度の
うちの1つである。白色申告に対し、**青色申告特別控除**、**青色専従者給与控除**、
純損失の3年間の繰越控除といった特典が認められている。なお、申告には青
色申告承認申請手続を所轄税務署長に提出する必要がある。

2 中小企業に適用される税制の対象と措置内容

対象：

法人税法では、**資本金1億円以下**の企業を中小法人としている。中小企業基
本法の定義とは異なり、**従業員数や業種などによる基準はない**。

内容：

法人税の基本税率は23.2%であるが、**年所得800万円以下**の部分にて軽減
税率を受けることができる（通常19%だが特例により令和7年3月31日まで
15%）。

【 中小企業に適用される税制の所得と税率 】

区分		所得	税率
普通法人	中小法人	年800万円以下の部分※1	15%
		年800万円超の部分	23.2%
	中小法人以外の法人	全額	23.2%
公益法人等※2		年800万円以下の部分	15%
協同組合等※3		年800万円以下の部分	15%

※1　この特例の適用対象者からは、前3事業年度の所得金額の平均額が15億円を超える法人は除かれます。
※2　公益法人等とは、法人税法別表第2に掲げられている法人です。原則として非課税ですが、収益事業から生じた所
　　得には課税されます。
※3　協同組合等とは、法人税法別表第3に掲げられている各種の組合をいいます。

出所：中小企業庁編『中小企業税制（令和5年度版）』

❸ 先端設備等導入制度による支援（令和7年3月31日まで）

　「中小企業等経営強化法」で規定される「認定先端設備等導入計画」に基づく設備投資について、市町村（東京都特別区にあっては東京都）の判断により、新規取得される償却資産に係る固定資産税が新たに課税される年から3年間に限り1/2、さらに雇用者全体の給与が1.5％以上増加することを従業員に表明した場合は新たに課税される年から最長5年間（※）に限り1/3に軽減される。

> ※令和6年3月末までに取得した設備：新たに課税される年から5年間に限り、3分の1に軽減
> 令和7年3月末までに取得した設備：新たに課税される年から4年間に限り、3分の1に軽減

【 支援スキームと措置内容 】

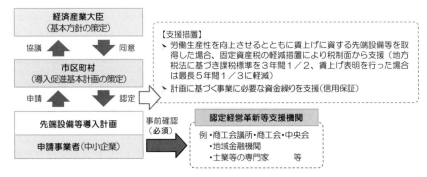

出所：中小企業庁編『中小企業税制（令和5年度版）』

❹ 中小企業経営強化税制（令和7年3月31日まで）

　「中小企業経営強化税制」は、中小企業等経営強化法の認定を受けた経営力向上計画に基づき、一定の設備（次表参照）を取得や製作等した場合に、即時償却または取得価額の10％の税額控除（資本金3,000万円超1億円以下の法人は7％）が選択適用できる制度である。

【 中小企業経営強化税制の要件と対象設備 】

類型	要件	確認者	対象設備 （※1〜3）	その他要件
A類型	**生産性が旧モデル比平均1％以上向上**する設備	工業会等	機械装置 （160万円以上）	**・生産等設備を構成するもの** ※事務用器具備品・本店・寄宿舎等に係る建物付属設備、福利厚生施設に係るものは該当しません。（※4）
B類型	**投資収益率が年平均5％以上**の投資計画に係る設備	経済 産業局	工具 （30万円以上） （A類型の場合、測定工具又は検査工具に限る）	
C類型	**可視化、遠隔操作、自動制御化**のいずれかに該当する設備		器具備品 （30万円以上）	
D類型	**修正ROAまたは有形固定資産回転率が一定割合以上**の投資計画に係る設備		建物附属設備 （60万円以上） ソフトウェア （70万円以上） （A類型の場合、設備の稼働状況等に係る情報収集機能及び分析・指示機能を有するものに限る）	**・国内への投資であること** **・中古資産・貸付資産でないこと**等

※1 発電用の機械装置、建物附属設備については、発電量のうち、販売を行うことが見込まれる電気の量が占める割合が2分の1を超える発電設備等を除きます。また、発電設備等について税制措置を適用する場合は、経営力向上計画の認定申請時に報告書を提出する必要があります。
※2 医療用の器具備品・建物附属設備については、医療保健業を行う事業者が取得又は製作するものを除きます。
※3 ソフトウェアについては、複写して販売するための原本、研究開発用のもの、サーバー用OSのうち一定のものなどは除きます。
※4 働き方改革に資する減価償却資産であって、生産等設備を構成するものについては、本税制措置の対象となる場合があります。

出所：中小企業庁編『中小企業税制（令和3年度版）』

⑤ 中小企業投資促進税制 （令和7年3月31日まで）

「中小企業投資促進税制」は、一定の機械装置等の対象設備（下表参照）を取得や製作等した場合に、取得価額の**30％の特別償却**または**7％の税額控除**が選択適用（税額控除は資本金3,000万円以下の法人、個人事業主のみ）できる制度である。

【 対象設備 】

設備	取得価額要件
機械装置	1台又は1基の取得価額が160万円以上のもの
測定工具・検査工具	1台又は1基の取得価額が120万円以上のもの （事業年度の取得価額の合計額が120万円以上のものを含む）
一定のソフトウェア	一のソフトウェアの取得価額が70万円以上のもの （事業年度の取得価額の合計額が70万円以上のものを含む）
普通貨物自動車	車両総重量3.5t以上 （注2）
内航船舶	全て （注3）

（注1）中古品、貸付の用に供する設備は対象外です。
（注2）普通貨物自動車は、道路運送車両法に規定する普通自動車で、貨物の運送の用に供するものが対象です。
（注3）取得価額の75％が対象となります。

出所：中小企業庁編『中小企業税制（令和5年度版）』

6 少額減価償却資産の特例

　中小企業は、取得価額が30万円未満の減価償却資産（少額減価償却資産）であれば、合計300万円を限度として、即時にその全額を損金・経費として算入することができる。

追加 ポイント

中小企業経営強化税制に伴う支援措置には経営力向上計画の承認が必要な点が問われる可能性があるので押さえておく。

論点25 中小企業関連税制（エンジェル税制）

ポイント

エンジェル税制とは、スタートアップ企業への投資を促進するための税制
優遇制度である。優遇措置は3種類ありそれぞれ要件が異なる。令和5年
度の改正により、従来の要件に加え一定の要件を満たす設立から間もない
スタートアップ企業への投資や、自己資金による起業について非課税措置
の対象としている。

1 概要

　エンジェル税制とは、スタートアップ企業へ投資を行った個人投資家に対し
て税制上の優遇措置を行う制度である。

2 要件

　※本書では個人が直接スタートアップ企業の株式を取得する直接投資の場合
　　のみを扱う。

【 スタートアップ要件 】

I	優遇措置A、プレシード・シード特例：創業（設立）**5年未満**の中小企業者
	優遇措置B：創業（設立）**10年未満**の中小企業者
II	設立経過年数（事業年数）ごとの要件を満たすこと （詳細は本書では割愛するが、プレシード・シード特例の要件として「各事業年度の営業損益が0未満」という要件がある。）
III	優遇措置A、B：外部（特定の株主グループ以外）からの投資を**1/6以上**取り入れている会社であること プレシード・シード特例：外部（特定の株主グループ以外）からの投資を**1/20以上**取り入れている会社であること
IV	大規模法人グループの所有に属さないこと
V	未登録・未上場の株式会社で風俗営業等該当する事業を行う会社でないこと

出所：経済産業省「エンジェル税制申請ガイドライン」を参考に作成

【 個人投資家要件 】

I	投資先スタートアップが同族会社である場合には、持株割合が大きいものから第3位までの株主グループの持株割合を順に加算し、その割合が初めて50%超になる時における株主グループに属していないこと
II	投資した会社に自らが営んでいた事業の全部を承継させた個人及びその親族等でないこと
III	金銭の払込みにより株式を取得していること

出所：経済産業省「エンジェル税制申請ガイドライン」を参考に作成

3 優遇措置

■ 投資時点で受けられる優遇措置

• 優遇措置A

対象企業への投資額-2,000円を、その年の**総所得金額等から控除**できる。

※控除対象となる投資額の上限は、800万円と総所得金額等×40%のいずれか低い方。

• 優遇措置B

対象企業への投資額全額をその年の**株式譲渡益から控除**できる。

※控除対象となる投資額の上限なし

• プレシード・シード特例

事業化前段階（プレシード・シード期）の企業への投資額をその年の**株式譲渡益から控除し、非課税**とする。

※非課税となる投資額の上限は年間20億円

■ 売却時点で受けられる優遇措置

譲渡損失が発生した場合、翌年以降3年にわたり、他の株式譲渡益との通算が可能。なお、スタートアップへ投資した年に減税の優遇措置を受けた場合には、その控除対象金額のうち、課税繰延分を取得価額から差し引いて売却損失（売却益）を計算する。

追加 ポイント

スタートアップ要件や各優遇措置の特徴を中心に押さえておくこと。

論点26　地域未来投資促進法に基づく支援

ポイント

> 「地域未来投資促進法」は、地域の特性を生かして、高い付加価値を創出し、地域の事業者に対する相当の経済的効果を及ぼす「地域経済牽引事業」を促進することを目的とする法律である。

1 地域経済牽引事業計画のスキーム

　市町村・都道府県が作成した「**基本計画**」に**国が同意**する。同意された「基本計画」に基づき事業者が作成する「**地域経済牽引事業計画**」を、**都道府県知事が承認**する。

　また、地域経済牽引事業の支援を行う「地域経済牽引支援機関」による「**連携支援計画**」を**国が承認**する。

【 地域未来投資促進法のスキーム 】

出所：経済産業省HP「地域未来投資促進法」

2 事業者に対する支援措置

①税制による支援措置

　地域経済牽引事業に従って設備投資を行う場合に、法人税等の特別償却または税額控除を受けることができる。また、当事業の実施に必要な土地、建物について、固定資産税・不動産取得税等の減免を受けることができる。

②金融による支援措置

　地域経済牽引事業の実施に必要な資金について、日本政策金融公庫から固定金利での貸付けを受けることができる。また、当事業に資する海外事業展開について、海外子会社への直接貸付けや信用状の発行を受けることができる。

③規制の特例措置等

　工場立地法における環境施設面積率・緑地面積率が緩和される。

④予算による支援措置

　地域経済牽引事業者は、各種予算事業において加点措置・優遇措置を受けることができる。

過去問　過去5年間での出題はない。

B **論点27** 特定ものづくり基盤技術高度化指針に基づく支援

ポイント

令和4年度より、旧戦略的基盤技術高度化支援事業（サポイン事業）及び旧商業・サービス競争力強化連携支援事業（サビサポ事業）が統合され、成長型中小企業等研究開発支援事業（Go-Tech事業）となった。

1 特定ものづくり基盤技術高度化指針

　製造業の国際競争力の強化及び新たな事業の創出に特に資する特定ものづくり基盤技術ごとに、市場における川下製造業者等の課題やニーズと、それに対応した高度化の目標や、必要な研究開発の方向性を体系的に整理している。

　なお、「特定ものづくり基盤技術」とは、鋳造、プレス加工、めっき等、その相当部分が中小企業によって行われ、その高度化を図ることが我が国製造業の国際競争力の強化または新たな事業の創出に特に資する技術について、経済産業大臣が指定する。

　特定ものづくり基盤技術には、次の12種類が指定されている。

① デザイン開発	② 情報処理	③ 精密加工
④ 製造環境	⑤ 接合・実装	⑥ 立体造形
⑦ 表面処理	⑧ 機械制御	⑨ 複合・新機能材料
⑩ 材料製造プロセス	⑪ バイオ	⑫ 測定計測

2 成長型中小企業等研究開発支援事業（Go-Tech事業）

　中小企業等が大学、公設試等の研究機関等と連携して行う、ものづくり基盤技術及びサービスの高度化に向けた研究開発及び事業化に向けた取組について経済産業省が一貫して支援する制度。

支援内容の概要は以下のとおりである。

【 成長型中小企業等研究開発支援事業 (Go-Tech事業) 】

項目	通常枠	出資獲得枠
予算額	133億円 (令和5年度)	
補助事業期間	2年度または3年度	
対象者	中小企業、特定事業者等　※大学・公設試等を含む	
申請要件	①大学・公設試等を含む共同体を構築していること ②高度化指針を踏まえた研究開発であること ③補助事業期間終了後5年以内に事業化達成する計画であること	①高度化指針を踏まえた研究開発であること ②補助事業期間終了後5年以内に事業化達成する計画であること ③当該研究開発プロジェクトに関し、補助事業開始から補助事業終了後1年までの間にファンド等の出資者からの出資を予定していること
補助上限額	単年度：4,500万円以下 3年間合計：9,750万円以下	単年度：1億円以下 3年間合計：3億円以下 ※ファンド等が出資を予定している金額の2倍を上限とする。
補助率	原則2/3以内　※課税所得15億円以上の企業は1/2以内	
対象経費	人件費、機械装置等の設備備品費、消耗品費、委託費等	

出所：経済産業省「令和5年度成長型中小企業等研究開発支援事業第2回公募要領」を参考に作成

追加｜ポイント

旧「中小ものづくり高度化法」の支援内容として、国が承認していた「特定研究開発等計画」については、「中小企業等経営強化法」に基づく「経営革新計画」に統合された。
成長型中小企業等研究開発支援事業について、「大学、公設試等の研究機関等との連携」が必須であることをしっかりと押さえておきたい。

過去問　令和元年度　第22問　戦略的基盤技術高度化支援事業

中小企業診断協会が発表している令和6年度の「中小企業経営・中小企業政策」の科目設置の目的と内容は、以下のとおりです（令和5年9月11日に変更を発表）。

科目設置の目的

中小企業診断士は、中小企業に対するコンサルタントとしての役割を期待されており、中小企業経営の特徴を踏まえて、経営分析や経営戦略の策定等の診断・助言を行う必要がある。そこで、企業経営の実態や各種統計等により、経済・産業における中小企業の役割や位置づけを理解するとともに、中小企業の経営特質や経営における大企業との相違を把握する必要がある。また、創業や中小企業経営の診断・助言を行う際には、国や地方自治体等が講じている各種の政策を、成長ステージや経営課題に合わせて適切に活用することが有効である。このため、中小企業の経営や中小企業政策全般について、以下の内容を中心に知識を判定する。

内　容

(1) 中小企業経営

① 経済・産業における中小企業の役割、位置づけ

各種統計等にみる中小企業、中小企業の動向、産業構造と中小企業、大企業と中小企業、中小企業性業種、中小企業の役割、地域社会と中小企業、地域産業と中小企業、その他

② 中小企業の経営特性と経営課題

各種統計にみる中小企業経営の特徴、中小企業の経営指標、中小企業の実態に関する分析、中小企業経営の特質と課題（中小企業の経営基盤、経営の多様性、中小企業の経営戦略、中小企業経営者の特質、経営資源、ビジネスモデル、産業集積、商店街、中小企業の成長、その他）、業種・業態別経営特質と課題（建設業、製造業、卸売業、小売業、サービス業、物流業、宿泊業・飲食サービス業、ベンチャー企業、下請企業、小規模企業、その他）、中小企業の経営環境と経営革新（経営環境の変化、グローバル化とローカル化、サプライチェーン、金融・信用保証、税制、労働・雇用・人材育成、環境対応・エネルギー対応、取引関係・取引構造、経営革新・事業創造の取り組み、生産性向上の取り組み、設備投資、その他）、中小企業経営に係る最近の動向（情報技術の活用、ソフト化・サービス化、企業連携・産学官連携、事業承継・M&A、海外展開、創業・アントレプレナーシップ、開廃業、事業再生、研究開発、持続可能性・社会的責任、ブランド構築、無形資産の活用、知的財産権、その他

(2) 中小企業政策

① 中小企業に関する法規と政策

中小企業関連法規、中小企業政策の体系と内容（経営サポート（技術力の強化支援、創業・ベンチャー支援、経営革新支援、新たな事業展開支援、知的財産支援、再生支援、雇用人材支援、海外展開支援、取引・官公需支援、経営安定支援、小規模企業支援、その他）、金融サポート、財務サポート（税制等、事業承継、その他）、商業・地域サポート、分野別サポート、相談・情報提供等、その他）、中小企業支援事業の実施体制と政策、中小企業経営と施策活用

② 中小企業政策の役割と変遷

(3) その他中小企業経営・中小企業政策に関する事項

論点28　農商工等連携促進法に基づく支援

ポイント

> 農商工等連携事業計画が認定されると、補助金や低利子融資等の各種支援策が受けられる。

1 農商工連携の定義

　農商工連携とは、中小企業の経営の向上及び農林漁業経営の改善を図るため、中小企業者と農林漁業者とが**有機的**に連携して実施する事業のことで、それぞれの経営資源を有効に活用して、新商品・新サービスの開発・生産などを行い、需要の開拓を行うことをいう。

2 支援の対象・要件

　中小企業者と農林漁業者が**共同で**「農商工等連携事業計画」を作成し、以下の基準を満たして国から認定を受けることが必要である。

[1]**有機的な連携**であること
[2]それぞれの経営資源を有効に活用すること
[3]新商品もしくは新役務の開発、生産・提供または需要の開拓を行うもの
[4]計画期間に応じた以下の数値目標を盛り込むこと

	3カ年計画	4カ年計画	5カ年計画
中小企業者：付加価値額と総売上高	3%以上	4%以上	5%以上
農林漁業者：付加価値額と当該農産物の売上高			

（※）付加価値額の定義は経営革新計画と同じである。1人当たりの付加価値額でも可。

❸ 農商工等連携促進法のスキーム

スキームは以下のとおりである。

【 農商工等連携促進法のスキーム 】

① 国 (主務大臣) が基本方針を定める
② 中小企業者と農林漁業者が、基本方針に基づき農商工等連携事業計画を共同で作成し、国に提出する
③ 承認されると各種支援策が利用可能となる

❹ 支援措置

農商工等連携事業計画が承認されると、以下の各種支援策について申請できる権利が発生する。なお、各種支援策を利用するときには、別途個別の審査が必要となる。

①政府系金融機関の特別利率による融資制度等 (通常より低い利率での融資)

②信用保証の特例 (保証限度額を別枠化。限度額は【論点22】参照)

③マーケティング等の専門家による支援

④食品流通構造改善機構による債務保証 (食品製造業者等が利用可能)

⑤農業改良資金融通法、林業・木材産業改善資金助成法、沿岸漁業改善資金助成法の特例

追加 ポイント

> 「有機的な連携」とは、それぞれが相手方は保有していないが、自らは保有する経営資源をお互いに持ち寄り、連携事業期間を通じて、両者いずれもが主体的に参画することである。また、有機的連携を担保するため規約や契約書などにおいて、連携事業の目標、経営資源の相互提供、費用負担・損失の分担・収益の配分、順守義務を明確化することが必要である。

過去5年間での出題はない。

論点29 中心市街地活性化法に基づく支援

ポイント

中心市街地活性化法は、中心市街地における都市機能増進と、経済活力向上が目的で、都市機能や商業施設の無秩序な拡散に歯止めをかけるためのものである。
認定された「認定中心市街地活性化基本計画」に基づき、「特定民間中心市街地経済活力向上事業計画」を作成し、認定を受けると各種支援措置が受けられる。

1 目的

中心市街地活性化法の目的は、少子高齢化、消費生活等の状況変化に対応して、中心市街地における都市機能の増進及び経済の活力の向上を総合的かつ一体的に推進することである。快適で魅力ある生活環境の形成、都市機能の集積、創造的な事業活動の促進について、地域の関係者が主体的に取り組み、それに対し国が集中的に支援を行う。以下は中心市街地活性化法のスキームである。

【 中心市街地活性化法のスキーム 】

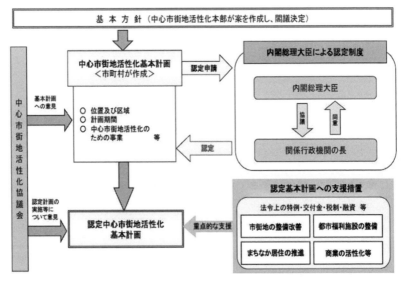

出所：国土交通省ＨＰ「改正中心市街地活性化法のポイント」より抜粋

認定された中心市街地活性化基本計画に基づき、「特定民間中心市街地経済活力向上事業計画」を作成し、認定を受けると、各種支援措置を利用することができる。

② 特定民間中心市街地経済活力向上事業の概要

　中心市街地活性化基本計画に基づき、中心市街地への来訪者または就業者もしくは小売業の売上高を相当程度増加させるなどの効果が高い民間プロジェクト（特定民間中心市街地経済活力向上事業）に絞って、経済産業大臣がその計画を認定するものである。認定されると、予算措置や税制措置、金融措置などにより重点的に支援を受けることが可能となる。

追加 ポイント

中心市街地活性化基本計画は、「市町村」が作成し「内閣総理大臣」が認定する。
内閣総理大臣が出てくるのは、この法律の特徴であるので押さえておくこと。

過去 5 年間での出題はない。

論点30　ITに関する支援

ポイント

> IT化の重要性については、『中小企業白書』等でも毎年取り上げられている論点なので、注意したい。

1 IT関連の専門家等派遣事業

　全国各地のよろず支援拠点及び地域プラットフォームで、ITの活用に関する相談を受け付けている。より専門性の高い支援が必要な場合には、「専門家派遣事業」で対応している。

2 IT導入補助金

　サービス業を中心とした中小企業、小規模事業者が、新たに生産性向上に貢献するソフトウェア等のITツールを導入する際に利用できる補助金制度である。

補助率等：

　通常枠、セキュリティ対策推進枠、デジタル化基盤導入枠があり、それぞれの補助対象経費区分、補助率、上限額・下限額は下表のとおりである。

【 IT導入補助金の申請枠 】

	通常枠		セキュリティ対策推進枠
	A類型	B類型	
補助対象経費区分	業務のデジタル化を目的とした ソフトウェアやシステムの導入。		サイバーインシデントを防止する セキュリティ対策強化支援。
補助率	1/2以内		1/2以内
上限額・下限額	5万円〜 150万円未満	150万円〜 450万円以下	5万円〜100万円以下

	デジタル化基盤導入枠			
	デジタル化基盤導入類型			商流一括インボイス対応類型
補助対象経費区分	会計ソフト、受発注ソフト、決済ソフト、ECソフトに補助対象を特化。		ハードウェア	インボイス制度に対応し、受発注機能を有するITツール導入を支援。
補助率	3/4以内	2/3以内	1/2以内	中小企業・小規模事業者：2/3以内　その他の事業者：1/2以内
上限額・下限額	（下限なし）〜50万円以下	50万円超〜350万円以下	30万円以下	（下限なし）〜350万円以下

出所：IT導入補助金2023HP（事務局：TOPPAN株式会社）

❸ IT活用促進資金（企業活力強化貸付）

日本政策金融公庫が行う、情報化を推進する中小企業を支援する融資制度である。制度の特徴は下表のとおりである。

融資の対象者	情報技術（IT）の普及に伴う事業環境の変化に対応するための情報化投資を行う方で、条件に該当する事業者（詳細は本書では割愛）
融資の対象となる資金	設備などを取得するために必要な設備資金及び長期運転資金〈設備等の例〉電子計算機（ソフトウェアを含む）、周辺装置、端末装置、被制御設備、関連設備（LANケーブルや電源設備）、関連建物・建築物（装置や設備の導入にあたり必要不可欠な建物・建築物や土地）
利率	融資の対象者及び設備資金、長期運転資金の種類により異なる
融資限度額	中小企業事業：7億2,000万円（うち運転資金は2億5,000万円）国民生活事業：7,200万円（うち運転資金は4,800万円）
貸付期間	設備資金：20年以内（うち据置期間2年以内）運転資金：7年以内（うち据置期間2年以内）

出所：日本政策金融公庫HP「IT活用促進資金」を参考に作成

追加 ポイント

ITに関する中小企業の動向については『中小企業白書』のなかで毎年取り上げられているため、本論点と併せて確認しておきたい。

過去問　令和5年度　第25問（設問1）　IT導入補助金の類型
令和5年度　第25問（設問2）　IT導入補助金の類型および補助率

論点31　知財に関する支援

> 一定の要件を満たす中小企業等は「減免制度」の利用で特許取得に関わる
> 審査請求料・特許料が10年間半額になる。

　「減免制度」は、一定の要件を満たす中小企業等を対象に、「審査請求料」、「特許料（第1年分から第10年分）」及び「国際出願に係る手数料」等の料金が減免される制度である。本項では、中小企業に関するものを紹介する。

❶ 中小ベンチャー企業・小規模企業等を対象とした軽減措置

対象：次の**いずれか**の要件に該当する小規模企業等

　　　　①従業員20人以下（商業またはサービス業5人以下）の法人で、大企業に支配されていないこと

　　　　②設立後10年を経過しておらず資本金額または出資総額が3億円以下の法人であり、大企業に支配されていないこと

措置内容：

〈軽減措置〉

　審査請求料、特許料（1〜10年分）、調査手数料・送付手数料、予備審査手数料⇒1/3に軽減

〈国際出願促進交付金〉

　国際出願手数料、取扱手数料⇒納付金額の2/3相当額を交付

❷ 個人を対象とした減免措置

対象：特許法施行令に規定する業種及び従業員数要件を満たす個人事業主

措置内容：審査請求料、特許料（1〜10年分）⇒半額軽減

❸ 法人を対象とした軽減措置

対象：次の**すべて**の要件を満たす法人

　　　　①特許法施行令に規定する業種、資本金、従業員数要件を満たす会社であること

②大企業に支配されていないこと

措置内容：審査請求料、特許料（1～10年分）⇒半額軽減

追加｜ポイント

特許法施行令に規定する業種、従業員数、資本金額の要件については、中小企業の定義とほぼ同様と考えて差し支えない。

過去5年間での出題はない。

A **論点32** 海外展開に関する支援

ポイント

中小企業の海外展開支援として、中小企業基盤整備機構による国際化支援アドバイス (海外展開ハンズオン支援事業) や、日本貿易振興機構 (ジェトロ) による貿易投資相談などがある。

1 技術協力活用型・新興国市場開拓事業 (研修・専門家派遣事業)

　日本企業の海外進出先における現地ビジネスの担い手となる現地人材を育成するために行う、日本での受入研修、現地への専門家派遣の取組に対して、支援を受けることができる。

対象：海外進出先の現地ビジネスを担う現地人材の育成に取り組む中小企業等

　　　※ただし、海外進出先が新興国となる場合に限る。

支援内容：

①日本での受入研修

　日本の企業文化等を学ぶ座学研修や企業内での実務研修の準備から実施に向けた総合的なサポート、必要経費の補助を行う。

②現地への専門家派遣

　日本企業の従業員等を専門家として海外に派遣する場合の現地従業員への技術指導を通じた人材育成の準備から実施に向けた総合的なサポート、必要経費の補助を行う。

補助対象経費	滞在費、国内移動費、渡航費 (現地への専門家派遣のみ) 等
補助率	中小企業・中堅企業：2/3 大企業：1/3　(別に定める重点分野の場合1/2)

② 中小企業基盤整備機構による国際化支援アドバイス
　（海外展開ハンズオン支援事業）

　2019年度まで実施していた「国際化支援アドバイス」をアップデートし、新たに「海外展開ハンズオン支援」としてスタートした事業で、海外投資、輸出入や海外企業との業務提携など海外ビジネスに悩みを持つ中小企業に対し、海外ビジネスの専門家が直接アドバイスを行う。加えて、専門家が中長期的に伴走し、事業計画作成や海外での調査・商談への同行支援を行うことも可能である。

③ 日本貿易振興機構（ジェトロ）による貿易投資相談

　輸出入や海外に会社を設立する際の手続きや法規制など、海外ビジネスを検討する際に直面する実務面の疑問点や貿易投資制度に関する各種質問に、実務経験豊富なアドバイザーが個別に相談に応じている。

追加 ポイント

中小企業の海外展開については『中小企業白書』でも頻繁に取り上げられているため、そちらも押さえておきたい。

過去問	令和4年度　第27問（設問1）　JAPANブランド育成支援等事業の対象事業
	令和4年度　第27問（設問2）　JAPANブランド育成支援等事業の支援内容
	令和元年度　第16問（設問1）　JAPANブランド育成支援事業の対象
	令和元年度　第16問（設問2）　JAPANブランド育成支援事業の支援内容

論点33 技術基盤の強化に関する支援

ポイント

公設試験研究機関では地方公共団体が設置した試験所、研究所等で高度な機械による試験などが可能である。
技術研究組合制度は20％税額控除などの税負担の軽減が図れるほか、技術の実用化段階において株式会社等へのスムーズな移行が可能である。

1 公設試験研究機関

公設試験研究機関は、**地方公共団体が設置した**試験所、研究所、指導所その他の機関である。地方公共団体における鉱工業振興、農林水産業振興、環境保全、保健衛生の向上などといった行政目的に沿う試験・研究・高度な機器の供用・指導・相談等の業務を行う。

技術相談・助言に加え、依頼試験・分析、技術情報の提供、講習会、展示会など幅広い事業を行っている。

2 技術研究組合制度

技術研究組合は、**複数の企業や大学・公的研究機関等が共同研究を行うため**に、技術研究組合法に基づいて、大臣認可により設立される法人である。

特徴としては、次のようなものが挙げられる。

組合員について	支払う賦課金については、①試験研究費として費用処理、および②**20％の税額控除**が可能である
組合について	③法人格を有する大臣認可法人である
	④組合が賦課金により取得した設備は税制上の圧縮記帳が可能である
	⑤組合から株式会社等へのスムーズな移行が可能である

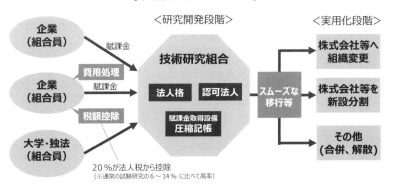

【 技術研究組合の概要 】

<研究開発段階>　　　　　　　　　<実用化段階>

出所：経済産業省HP

【 参考文献 】

〈中小企業経営〉

・中小企業庁編『2023年版　中小企業白書』
・中小企業庁編『2023年版　小規模企業白書』

〈中小企業政策〉

・経済産業省ホームページ
・中小企業庁ホームページ
・独立行政法人中小企業基盤整備機構ホームページ
・株式会社日本政策金融公庫ホームページ
・特許庁ホームページ
・国土交通省ホームページ
・農林水産省ホームページ
・東京信用保証協会ホームページ
・独立行政法人勤労者退職金共済機構ホームページ
・中小企業団体中央会ホームページ（佐賀県、群馬県）
・中小企業庁編『2023年度版　中小企業施策利用ガイドブック』
・中小企業庁編『2022年度版　中小企業施策利用ガイドブック』
・中小企業庁編『2021年度版　中小企業施策利用ガイドブック』
・中小企業庁編『2020年度版　中小企業施策利用ガイドブック』
・中小企業庁編『2019年度版　中小企業施策利用ガイドブック』

索 引

【編者・著者】

中小企業診断士試験クイック合格研究チーム

平成13年度以降の新試験制度に合格し、活躍している新進気鋭の中小企業診断士7名の研究チームであり、2次試験対策で毎年ベストセラーである『ふぞろいな合格答案』の執筆者で占められている。

メンバーは、山本桂史、梅田さゆり、志田遼太郎、中村文香、山本勇介、赤坂優太、大久保裕之。

上記研究チームのメンバーは診断士試験の受験対策だけでなく、企業内での業務改善に取り組んだり、全国各地の創業支援・事業継承・新規事業展開ならびに人事改革のコンサルティングやセミナーなどを通し中小企業支援の現場に携わっている。

本書「中小企業経営・政策」は、大久保裕之により執筆。

本書出版後に訂正（正誤表）、重要な法改正等があった場合は、同友館のホームページでお知らせいたします。
URL https://www.doyukan.co.jp

2024年2月15日　第1刷発行

2024年版
中小企業診断士試験 ニュー・クイックマスター
⑦ 中小企業経営・政策

編　者　中小企業診断士試験クイック合格研究チーム
大 久 保 裕 之
発行者　　　　　　　　脇 坂 康 弘

発行所　株式会社 同友館

〒113-0033 東京都文京区本郷2-29-1
TEL. 03 (3813) 3966
FAX. 03 (3818) 2774
URL https://www.doyukan.co.jp

落丁・乱丁本はお取替えいたします。　　　　KIT / 中央印刷 / 東京美術紙工
ISBN 978-4-496-05680-2 C3034　　　　　　Printed in Japan

同友館 中小企業診断士試験の参考書・問題集

2024年版 ニュー・クイックマスターシリーズ

1 経済学・経済政策	定価 2,200円 (税込)
2 財務・会計	定価 2,200円 (税込)
3 企業経営理論	定価 2,310円 (税込)
4 運営管理	定価 2,310円 (税込)
5 経営法務	定価 2,200円 (税込)
6 経営情報システム	定価 2,200円 (税込)
7 中小企業経営・政策	定価 2,310円 (税込)

2024年版 過去問完全マスターシリーズ

1 経済学・経済政策	定価 3,300円 (税込)
2 財務・会計	定価 3,300円 (税込)
3 企業経営理論	定価 3,850円 (税込)
4 運営管理	定価 3,850円 (税込)
5 経営法務	定価 3,300円 (税込)
6 経営情報システム	定価 3,300円 (税込)
7 中小企業経営・政策	定価 3,300円 (税込)

中小企業診断士試験1次試験過去問題集 ……… 定価 3,740円 (税込)

中小企業診断士試験2次試験過去問題集 ……… 定価 3,630円 (税込)

新版「財務・会計」速答テクニック ……… 定価 2,420円 (税込)

診断士2次試験 事例Ⅳの全知識＆全ノウハウ ……… 定価 3,520円 (税込)

診断士2次試験 事例Ⅳ合格点突破 計算問題集 (改訂新版) …… 定価 2,860円 (税込)

診断士2次試験 ふぞろいな合格答案10年データブック … 定価 4,950円 (税込)

診断士2次試験 ふぞろいな答案分析7 (2022〜2023年版) ……………………… 5月発売

診断士2次試験 ふぞろいな再現答案7 (2022〜2023年版) ……………………… 5月発売

診断士2次試験 ふぞろいな合格答案エピソード17 ……………………… 7月発売

2次試験合格者の頭の中にあった全知識 ……………… 7月発売

2次試験合格者の頭の中にあった全ノウハウ ……………… 7月発売

https://www.doyukan.co.jp/

〒113-0033　東京都文京区本郷 2-29-1
Tel. 03-3813-3966　Fax. 03-3818-2774